JN146487

それはないよ！
〈市民自治〉の息づくまちへ

早川鉦二
Shoji Hayakawa

風媒社

それはないよ！

〈市民自治〉の息づくまちへ

◉

目次

はじめに
多治見市政と向き合う

２０１３年8月12日に、高知県四万十市で国内観測史上最高の気温41・0度を記録した。これによって、それまでの最高だった岐阜県多治見市と埼玉県熊谷市の40・９度の記録が6年ぶりに更新された。

日本一暑いまちだった多治見市は、今や日本で二番目に暑いまちとなった。私はこの人口11万余の多治見市に、75年3月から住んでいる。

この間に多治見市は、美濃焼のまちから名古屋市のベッドタウンへと大きく変貌した。また西寺雅也市長（在任１９９５～２００７年）のもとで、先進的な市政改革が進められた。積極的な情報公開や市民参加、先進的な環境政策が推進されただけではない。右肩上がりの財政を前提とする自治体構造に、メスが入れられた。三位一体（総合計画・行政改革・人事制度）の市政改革である。この結果、多治見市は「挑戦する都市」として全国から注目される自治体となった。

ところで私は、07年3月に勤めていた愛知県立大学の定年退職を迎えた。多治見市を大きく変えた西寺雅也市長から、現在の古川雅典市長に交代するちょうどその時期にあたる。

退職後どうするのか。団塊の世代の退職者が地域社会とどうかかわってゆくかによって、その地域社会の将来は大きく左右される。現役中に培った技能を、地域社会の発展に役立ててほしい。そういうことが、よく言われるようになってきた。

私も定年後の地域社会とのかかわりの重要性はよく理解できたので、そういう機会があれば是非それに参加したいと思っていた。

それまで私は主として、いくつかの市町村が協力し合って行う広域行政の調査研究を行ってきたので、多くのまちや企業に足を運んできた。このため退職後の私の関心が、多治見市政に向くことになったのは自然のなりゆきである。

当初は多治見市の各種委員会委員になって、それまでに培った技能や経験を少しでも発揮したいと考えていた。実際に二つの重要な委員会の公募委員に応募したのであるが、いずれも選外となった。行政の内で役立ちたいという私の希望は叶えられなかった。

そこで外から何らかの形で役立つことはないかと考えて、多治見市政と向き合ってゆくことにしたのであった。広報紙や議会の会議録、附属機関の会議録や報告書に目を通し、地区懇談会に足を運ぶとともに、事業評価委員会を傍聴したりした。その過程で、「それはおかしい」「一体どうなってゆく」「その結果はどうなった」「これはすばらしい」など、その時に感じたことで、少しあたためてきたことを中心に調査してみた。それらをまとめて、つれ合いとの共著で出版したのが『市政と向きあう』（11年刊）である。

その後も市政と向き合ってきたが、「多治見市是正請求手続条例」が２０１０年４月から施行されたのに伴い、「それはおかしい」と疑問に思った時、「それはないよ！」と不服（異議）申立てができるようになった。そこで私は市政のあるべき姿からみて、それはおかしいと思われたことを改めるために、積極的に是正請求を行ってきた。

本書は、私が２０１４年3月までに行った8件の是正請求にまつわる出来事を収録したものである。

0　声をあげればまちが変わる

私の是正請求は以下で述べるように、情報開示を求めたものを除くと、請求を認めた「認容」はひとつもなく、ことごとく「却下」ないしは「棄却」であった。ただし是正請求から1年以上経過するのに、いまだに是正請求審査会の答申が出ていないのが1件ある。まさにさんざんな結果であり、行政のあり方が目に見える形で変わったものはなかった。わずかに、青少年まちづくり市民会議が公立学校のグラウンドを使用する場合、使用料が5割減免から全額免除となるきっかけとなったぐらいである。しかし行政にそれなりに緊張感を与え、業務によってはこれまでよりも市民の存在を意識して遂行するようになったのではないかと思う。それだけでも多治見市を「変えている」と思うので、決して無意味ではなかったと自負している。

どこのまちでも、行政には私たちの視点からみておかしいと思われることが存在するにちがいない。しかしながらわが国では、行政にもの申す者を道義的に悪くとらえる傾向がある。「子どもっぽい」とか「変わり者」とみられ、物分かりのよい大人や「正常」な人になることが求められる。そればかりか、行政を信じて疑わないように、そもそも私たちにおかしいと思わせないような、あるいは思っても声を出させない環境さえ作られているのが昨今である。

そういう状況下で、おかしいことはおかしいと声をあげるにはかなりの勇気がいるかもしれない。しかし私たちがまちづくりの主人公であるという確信さえ持てば、それ程難しいことでもないであろう。

もちろん、私たちが声をあげてもただちにまちが変わるものではない。しかし何もしなければ何も変わらない。声をあげる人が多くなればなるほど、やがてはまちが変わるのである。

私たち一人ひとりが変わることによって、行政も議会も変わり、まちが変わるのである。

多治見市是正請求制度とは

是正請求制度の成り立ち

わが国でこの制度が導入されている自治体は、私の知る限りでは多治見市だけである。このためほとんど知られていない制度なので、少し説明を加えておきたい。制度の概要を述べる前に、まず多治見市にこの制度が導入されるに至ったプロセスをみてみよう。そうすることによって、この制度への理解がより深まると思われるからである。

さて多治見市是正請求制度は、「多治見市オンブズパーソン条例」（01年9月議会提案・否決）、「多治見市市政に関する権利侵害の申立て及び公益通報に関する条例」（05年12月議会提案・06年3月議会審議未了廃案）を経て、09年12月議会で提案・可決をみた「多治見市是正請求手続条例」の制定により、実現したものである。成立までになんと8年あまりの年月が費やされている。

これらの条例は制度の仕組みはそれぞれ違うが、その根底にあるのは次のような考え方である。

時として、市民は行政の対応に納得できない事態に直面する。双方の無理解による場合もあれば、制度自体が時代に合わなくなった場合もあるなど、その要因はさまざまである。いずれにせよ、行政と市民との間のトラブルは避けがたい。

そこでレフェリー役を果たす第三者機関を設置して、市民の苦情申立てに対応して、的確な判断をしてもらう。その結果必要があれば、是正や改善の措置が取られる。こうすることによって市民の理解も得られ、スムーズな行政運営が可能となる。

こうした制度導入の必要性を痛感していた当時の西寺市長が試みたのは、オンブズパーソン制度の設置である。このオンブズパーソンとは言うまでもなくオンブズマンのことで、男女共同参画の施策を進めていた関係でパーソンという言葉を使っているにすぎない。オンブズマン制度は、川崎市をはじめ少ないがすでにいくつかの自治体で導入されており、議会の同意も得られやすいと考えられたからであろう。

しかしながら、市民の苦情に対するものとして、庁内に市民情報課の窓口があり、市長と市政を語る会もある。何よりもそのために活動する議員や議会が存在する。さらに監査委員もいる。こうしたもので住民の苦情に十分に対応できるので、オンブズパーソン制度の設置は「屋上屋を架す」ものにすぎない。また職員が、もっと市民感覚を持つような職員研修を徹底すればよい、といった批判が議会で噴出している。この議案の賛成議員は、たった1人であった。まさにさんざんであった。

行政はしかしながら、これであきらめたのではなかった。西寺市長は念願の「多治見市自治体基本条例」を05年9月議会に提案したが、その条例に関連して「多治見市市政に関する権利侵害の申立て及び公益通報に関する条例」を、同年の12月に提案するに至った。

オンブズパーソンに代わって、「市民の権利利益の擁護者及び職員の法令遵守の監視者」として「市政監察員」を議会に設置しようとするものである。この市政監察員も、オンブズパーソンと同様に法律にくわしい人ということで弁護士が想定されていた。

権利侵害と公益通報という二つの異なる制度を一つの条例で設置することへの批判に加え、市政監察員を行政ではなく議会に設置することへの是非が、議会での重要な争点であった。

しかし、自治体基本条例もろとも06年3月議会で審議未了廃案に追い込まれた。なお自治体基本条例は、「多治見市市政基本条例」として06年9月議会で提案、可決・成立をみた。

この成立した市政基本条例に市民の権利利益の保護のため、「権利救済制度」の設置が規定されていた。したがって権利救済制度の設置は、相変わらず行政の緊急課題として残されていた。しかし2回にわたっての議会の審議状況からすれば、それは前途多難であった。

ちょうどその時「渡りに船」となったのは、国会での「行政不服審査法」の全部改正と「行政手続法」の一部改正である。1962年に制定された行政不服審査法が自公政権下で全面的に見直されて、これまで以上に公正でしかも利用しやすい簡易迅速な手続により、国民の権利利益の救済を図る「行政不服審査法案」と「行政手続法の一部を改正する法律案」が、第169国会に提出（08年4月11日）された。この改正には、審理員による審理手続の導入と国の第三者機関たる行政不服審査会への諮問手続を経て、最終的な裁決を行う仕組みが盛り込まれていた。

これらの法案自体は、衆院解散（09年7月21日）により審議未了廃案となった。しかし多治見市はこれらの法案への対応を見すえて、法案に盛り込まれた制度を骨子とする「多治見市是正請求手続条例」を09年12月議会に提案したのであった。なおこの条例は、これまでの二つの条例とは違って、具体的な利害関係がある場合の救済だけが目的ではない。市政の適正な運営のために、だれでも市の行為が適正でないと考える時は、その是正を請求できるという条例である。

市議会では、行政不服審査法案などの今後の見通しや、この条例が複雑でわかりにくいこと、職員から選定される審理員が公平・中立な立場に立てるのか、その他是正行為とその適用除外などが問題となったが、全会一致で成立をみた。

こうした経緯をみれば、多治見市で是正請求制度が導入されるに至ったのもそれほど不思議ではない。なお、是正請求手続条例の可決・成立とともに、多治見市市政基本条例の「権利救済制度」の文言は、「是正請求制度」に改められた。

また、「情報公開審査会」と「個人情報保護審査会」が是正請求審査会に統合されたほか、行政不服審査法に基づく不服申立ても、この制度で取り扱われることになった。

是正請求制度の仕組み

さて次は、その仕組みである。

是正請求手続条例は、市の内部手続を明確にするという性格があるため、条例は長文のうえ複雑で、市民にとって理解しにくい。このため、市民にわかりやすいように周知してほしいという要望が、議会でも聞かれた。これを受けて多治見市は条例成立後、是正請求制度のあらましを紹介した「多治見市是正請求制度〜市の判断に納得がいかないときは〜」（10年3月）という小冊子を作成した。行政としては珍しく、漫画で紹介したものである。ここでは、多治見市の広報紙「たじみすと」（10年3月1日号）に掲載された図表1に基づいて説明したい。

権利救済を求める市民に限らず、市の行為等に対して納得できない人は、誰でも請求できる。図表Ⓐの「是正請求」の「誰でも請求できます」というのは、そういうことである。

是正請求に際しては、是正請求人は「是正請求書」を審査庁（是正請求を受け付ける市の機関のことで総務課）に提出する。「是正請求の趣旨及び理由」など、決められた様式にしたがって書くことになっている。

この是正請求が「不適法」、つまり請求できないものでない限り、あらかじめ作成した法制担当課の管理職等からなる「審理員候補者」名簿から、審査庁が審理員を指名する。

なおここに「請求できないこと」が例示してある。そのひとつに「議会の議決」とあ

図表1　是正請求制度の仕組み

「市役所の対応に納得できない」そんなときは…
～4月1日から是正請求制度の運用が始まります～

市役所に申請を断られ、その理由に納得できない場合など、市の判断や制度に疑問があるときは、まず、担当課で十分説明させていただきます。それでも疑問が残る場合、第三者が中立的な立場で話を聴き、市が間違っていたら改めるよう意見を述べる制度が是正請求制度です。

「納得できないな」と感じたら、この制度を利用してください。

Ⓐ 是正請求
誰でも請求できます。
納得できない
Ⓑ 審　理
あらかじめ作成した名簿から指名された職員が、関係者から話を聴いたり、調査したりします。
審理員（市職員）
Ⓒ 調査審議等
有識者や市民など 7 人が、関係者の意見や現状などからどうすべきかを判断します。
是正請求審査会（第三者機関）
Ⓓ 対応決定
是正請求審査会の意見を受け、対応を決定します。
市役所

請求できること

・市の行為（意思決定や活動）
　施設の使用許可・不許可、補助金の申請や貸し付けの申し込みに対する回答 など
・市の不作為（行為がないこと）
　申請や申し込みに市が回答をしない　など
　※行政不服審査法に基づく不服申立ても扱います
　※法律や条例に基づく行政処分に限りません
　※行政指導（市からのお願い）も含みます

○

請求できないこと

・議会の議決
・地方税法の違反に関すること
・学校で教育のために行われること
・その他
　※住民監査請求などほかの制度が利用できる場合は、そちらを利用してください
　※詳細は問い合わせください

×

（出所）多治見市広報紙「たじみすと」2010年3月1日号。ただしⒶⒷⒸⒹの付記は筆者による

るが、議会の議決そのものは対象外であるが、その内容で市が行った市の行為はその対象であることはいうまでもない。こういう場合、審査庁は是正請求そのものを却下する。

さて審理員の指名により、Ⓑの「審理」に入る。

審理員は市職員であるが、公平・中立の立場から関係者から話を聴いたり、調査したりして、審理を行う。具体的には、行為庁（是正請求の対象となった行為等をした市の機関）から弁明書、是正請求人から弁明書に対する反論書の提出を求める。また、請求人に口頭意見陳述の機会を与えたり、証拠書類等の提出を審理関係者に求めることができる。そして審理手続を終結した時は、審理員は「審理員意見書」（審査庁がすべき決定に関する意見書）を作成し、審査庁に提出する。つまり、是正請求に対する審理員の判断が下されるのである。

これで一件落着しない場合、審査庁は市の職員でない第三者機関である是正請求審査会に諮問する。是正請求はⒸの「調査審議等」に入る。

是正請求審査会は、「審査会の権限に属する事項に関し公正な判断をすることができ、かつ、法律又は行政に関し優れた識見を有する者及び市民のうちから、市長が委嘱する」７人以内の委員から構成される。このように弁護士や大学教員などの有識者に加え、市民も含まれるのである。審査会は審理員意見書を踏まえながらも、改めて請求人の口頭意見陳述の機会をもつなど、さらに検討し、請求の可否を審議する。そこで一致をみたものが、諮問に対する答申として審査庁に提出される。

多治見市は、この答申を尊重して是正請求に対する対応を決定する（Ⓓ）。

以上のように、市の行為等に関する市民の是正請求に対し、審理員による審理と是正請求審査会の諮問を経て、市の対応が決まるのが多治見市是正請求制度である。

4年間の是正請求制度運用状況

それでは以上の是正請求制度に基づく是正請求が、市全体ではどれくらいあったのか。またどんなことで是正請求が行われ、その結果はどうであったのか。この制度は2010年4月1日からスタートしているので、まだそれ程時間が経過していないが、次にそれをみてみよう。

多治見市は、是正請求手続条例に基づく「是正請求制度運用状況」を毎年広報紙で公表している。それには「是正請求件数」と簡潔にまとめた「請求事案及び結果」が、掲載されている。それをそのまま4年間のものを一覧表にしたものが、図表2である。

〈2013年度〉

是正請求件数　6件

請求事案及び結果

(1) 高額療養費の領収書のチェックのための再提出についての是正請求
処理内容：棄却

(2) 青少年まちづくり市民会議が支払う使用料の減免についての是正請求
処理内容：棄却

(3) 公文書部分公開決定（平成25年4月8日多総第24号）に対する異議申立て
処理内容：認容

(4) 公文書部分公開決定（平成25年5月7日多区整第56号）に対する異議申立て
処理内容：認容

(5) 地区懇談会の運営方法などの見直しについての是正請求
処理内容：棄却

(6) 個人情報不存在決定（平成25年7月18日）についての是正請求
処理内容：審理中

(7) 録音記録の保存についての是正請求
処理内容：審理中

(8) 広報たじみの記事についての是正請求
処理内容：審理中

（出所）各年度の「たじみすと」による。ただし、2014年7月1日号の「たじみすと」によれば、2013年度の是正請求件数は6件とすべきものが7件となっているが、訂正した数字である。

図表2　是正請求制度運用状況

〈2010年度〉

是正請求件数　3件

請求事案及び結果

(1) 児童手当相当額支払請求

処理内容：棄却（なお、担当課における児童手当支給事務について改善を求める）

(2) 除住民票交付拒否に係る異議申立て

処理内容：棄却

(3) 公文書部分公開決定に係る異議申立て

処理内容：非公開とした部分のうち、個人情報に当たると考えられる部分を除き公開とする

〈2011年度〉

是正請求件数　5件

請求事案及び結果

(1) 差押処分に係る異議申立て　3件

処理内容：異議申立ての却下（1件）：審理中（2件）

(2) 公文書部分公開決定に係る異議申立て　2件

処理内容：非公開とした部分のうち、印影部分以外の部分を公開とする（1件）：是正請求の棄却（1件）

〈2012年度〉

是正請求件数　4件

請求事案及び結果

(1) 市税滞納処分による差押えに係る異議申立て　2件

処理内容：棄却（2件）

(2) ボランティア袋の取扱に係る是正請求

処理内容：棄却

(3) 高額療養費の領収書のチェックのための再提出についての是正請求

処理内容：審理中

(4) 指定管理者の自主事業に係る是正請求

処理内容：却下

(5) 青少年まちづくり市民会議が支払う使用料の減免についての是正請求

処理内容：審理中

なお審査会の答申それ自体は、ホームページ「是正請求事案答申の公表について」で知ることができる。

さて図表2によれば、スタート時の3件から始まった年間の是正請求件数は、それ以降5件、4件、6件と続く。増加傾向にあるものの、オンブズパーソン条例に関し行政が予想していた2桁の苦情件数（「総務常任委員会会議録」01年9月1日）に比べると、今のところ少ない。

この間に私の行った請求件数は8件に及ぶが、それはこれまでの累計件数18の半数に近い数字である。

請求事案に関しては、まさに多種多様であるが、その中でも情報公開と差し押さえに関する異議申立ての件数が多い。異議申立てに対する市の決定は、情報公開にかかわるものを除くと、すべて棄却（もしくは却下）である。もっとも棄却であっても、答申の「意見」により実際には請求人の主張が認められたケースもあるが、請求人にとっては厳しい結果となっている。行政サービスが法律や条例、規則に基づいて遂行されている場合、それに異議を唱えてもなかなからちがあかない。

以上、多治見市是正請求制度について述べてきた。

以下は私が是正請求したものを取り上げて、なぜ是正請求したのか。弁明書や審理員意見書、答申などに対して思ったことなどを述べてゆきたい。

1　初めての是正請求

池田保育園の指定管理者候補団体選定及び評価委員会の議事録は事務事業執行情報に該当するし、会議が非公開なので議事録は公開できない。

指定管理下の池田保育園

私は2010年6月22日に、多治見市に対して初めて是正請求を行った。公文書部分公開決定にかかわる異議申立てであるため、てっきり「情報公開審査会」への不服申立てと思い込んでいた。しかし既述したような制度変更により是正請求制度に基づく是正請求となった、というのが本当のところである。

ところで池田保育園に何の利害もない私が、是正請求を行った理由は次の通りである。

周知のように、03年6月の地方自治法の改正により、指定管理者制度が導入されるに至った。これは、それまで公共団体や公共的団体に限られていた公の施設の管理運営を、民間業者や団体を指定して代行させる制度である。多治見市においても、05年4月から の老人ホーム「多容荘」を皮切りに、今や総合福祉センター、産業文化センター、文化会館、総合体育館、図書館、各公民館、各児童館・各児童センター、一部の保育園、市民病院など、多くの施設に導入されている。

このため施設の利用者としてはもちろん、市政の一端に触れるには、これら指定管理者制度に移行した施設の管理運営の実態にアプローチすることが必要となっている。

その手はじめとして私は、06年4月から「財団法人多治見市文化振興事業団」の指定管理に移行していた図書館の指定管理者候補団体選定委員会及び評価委員会の会議録を10年5月6日に情報公開請求した。ところが選定委員会会議録は存在しないし、評価委員会会議録も十分に整備されていなかった。図書館に関するこうした実態には本当に驚いた。

果たして図書館だけの例外的なことなのか。続いて、06年4月から「社会福祉法人いしずえ会」に指定管理されている池田保育園に関し、指定管理者候補団体選定委員会及び評価委員会のこれまでの会議録全部の情報公開請求を10年6月4日にしたのであった。

情報公開請求してわかったのであるが、ちょうどその時多治見市は池田保育園の指定管理期間が5年間であるため、11年4月からの新たな指定管理者を決める作業に直面していた。このため、10年6月1日から開始する池田保育園指定管理者候補団体の募集要領や仕様書の内容及び選定基準等を検討するため、5月27日に「10年度第1回多治見市池田保育園指定管理者候補団体選定委員会及び評価委員会」が開催されていた。

話は前後するが、保育にうとい私が池田保育園に関心を持つに至ったのは、多治見市第6次総合計画特別委員会での次の発言に強い衝撃を受けたからである。「保育園の民営化について、私は池田保育園の民営化には賛成で、今では入園希望者があふれて、他の保育園の模範になるようになった。一番いいことは偏った先生がいないということである」(「第6次総合計画特別委員会会議録(08年3月21日)」)。

なお市内には10の市立保育園があるが、指定管理者制度が導入されているのは、池田保育園の他に旭ヶ丘保育園がある。池田保育園の定員は90人で、市内では小規模保育園に属する。市内の三つの保育園が0歳児からの保育を行っているが、池田保育園はその一つであり、また三つの保育園に子育て支援センターが併設されているが、池田保育園はその一つでもある。

部分公開決定と是正請求

さて私の請求に対する部分公開決定通知は、09年度以前の2つの委員会会議録は作成されていない。10年度の第1回池田保育園指定管理者候補団体選定委員会及び評価委員会会議録の一部（池田保育園指定管理者公募の概要に関する議事）は、「委員会において、本市情報公開条例第6条第2項第5号により非公開と決定されているため」、非公開にするというものであった。この情報公開条例第6条第2項第5号というのは、「公開しないことができる文書」の「事務事業執行情報」にあたる。

しかるに行為庁である子ども支援課が提出した弁明書では、「公開請求に対して交付した議事録において、非公開とした具体的、詳細な理由について」、次のように弁明している。

「本会議は、平成22年6月1日から開始する池田保育園指定管理者候補団体の募集要領、仕様内容及び選定基準を検討するため、公募要領公表前である平成22年5月27日に開催している。契約に関する内容であり、内部調整段階であるという理由により、今回の会議の非公開が委員会において決定されたため、公募内容の検討に係る部分の議事録を非公開として交付したものである」。

弁明書では、このように会議が非公開なので議事録は公開できないことが強調されている。

こうしたことのために、この一部非公開に対し、なぜ会議が非公開とされたのか。会議が非公開とされれば会議録もすべて非公開とされるのか。また当時、事務事業執行情報を多治見市のそれではなく、事業者のものと勘違いしていたので、選定とか評価という場合、そもそもその団体の事務事業執行情報に触れるのはさけられないはずである。そしてその情報が事業者に著しい支障とならない限り、公開されるべきである。こう考えた私は、「もしこれを非公開とするならば、多治見市のすべての指定管理者選定委員会会議録と指定管理者評価委員会会議録が非公開となる恐れがある」として、多治見市に対し是正請求を6月22日にしたのであった。

二つの争点

是正請求の争点となったのは、会議が非公開であれば会議録も非公開とすべきものなのか。また非公開部分が事務事業執行情報にあたるか、の2点である。

前者に関して行為庁は、「一度非公開を決定した会議の議事録は、非公開にすべきだと認識していた」という。これに対し、審理員意見書は会議の非公開と会議録の非公開を同じにとらえることの誤りを指摘する。是正請求審査会の答申も、たとえ非公開の会議であっても会議録の公開・非公開は、情報公開条例に照らして会議録の内容を検討して決定すべきであるという。また行為庁自体、審理段階の口頭意見陳述の時に庁内論議で認識を改めたと発言したのであった。

次に事務事業執行情報に該当するので公開できないというのは、委員会で公募要領や仕様書の内容を検討している段階なので、公募を開始する前に特定の業者にそれらの内容が漏れるのは公平性を欠く。したがって会議録は非公開としたというのが、行為庁の主張である。

審理員意見書は、公開しても行政の事務の公平性や公正な執行に著しく支障となるようなものではない。このように会議録の内容を検討して、審理員は公開すべきだと述べる。また是正請求審査会は、6月1日から公募が開始された公募要領に非公開とされた委員会の協議内容が記されているので、事務事業執行情報に該当しないと判断する。

以上のように二つの争点いずれに対しても、審理員も審査会も行為庁の主張をしりぞけている。

ところが審理員が、その意見書で非公開部分には「個人情報である委員名」と「個人を特定することが可能と思われる記述」が含まれるため、その部分は非公開とすることが妥当と述べていた。これが審査会で検討され、「委員名」は公開しないことができる公文書の個人情報にあたらないとして、公開すべきだとした。

この結果、「個人を特定することが可能と思われる記述」の部分を除く、委員名を含む会議録が公開された。

会議録作成にはずみ

この是正請求は、既述したように指定管理者制度の実態に少しでもアプローチしたいという思いからスタートして、たまたま池田保育園のケースを取り上げたにすぎない。しかし、指定管理者候補団体選定委員会及び評価委員会の会議録の不存在と非公開の問題は、池田保育園や図書館に限られたものではない。指定管理者制度が導入されていた多くの施設では、企業情報があるなどの理由で会議が非公開とされて会議録が作成されていなかったようである。

しかしこうした事態は、審理員の指摘にあるように「附属機関等は、会議の公開又は非公開にかかわらず、会議終了後速やかに議事録を作成しなければならない」と規定する「多治見市情報公開条例」第23条の5に違反している。この現状は早期に改善される必要がある。

図書館の現状に驚いた私は、池田保育園への情報公開請求の前日に開催された北栄地域地区懇談会で、会議録の整備を市長に訴えたのであった。そしてまた、このたびの是正請求が、問題の所在を浮きぼりにし、会議録の作成にはずみをつけることになったのではないかと思う。

2　土地の分譲価格を開示請求

土地の分譲価格はトヨタの意向により開示できない。

古川新市長のマニフェスト

多治見市を大きく変えた西寺市長は、2007年4月に勇退した。3期12年の潔い引退である。

次の市長の座をめぐって、3人の新人が立候補し、激しい選挙戦を展開した。その結果、西寺市長の改革路線を継承し、「人にまちに元気を！」のキャッチフレーズのもとに、七つの基本政策からなるマニフェストを掲げた古川雅典氏が、2人の候補者に大きな差をつけて初当選を飾った。なお古川新市長は、2期勤めた県議（民主党所属）からの転身である。

さて古川市長は西寺市政の何を継承・発展させ、何を変えようとしているのか。ほぼ次のようにとらえてよい。

環境自治体であること、積極的な情報公開、市民参加の3本柱は、西寺市政の継承・発展である。そしてまた、行政改革、歳出の削減も引き続き取り組んでいく。ただ大きく舵を変えたのは、これまであまり考慮されてこなかった歳入増加の視点から行政を展開することである。マニフェストでは、そのため新規産業の導入、日帰り観光の強化、在来型産業の高デザイン・高付加価値化に言及しているが、ここでは新規産業の導入に関するマニフェストの記述を紹介する。

新たな産業の誘致を積極的に進めるための「具体策」として、4年間で郊外に30ヘクタールの工業団地の造成に着手する。そして環境配慮型企業の誘致促進のため、優遇策を取るとともに、県の保有する進出希望情報と支援策を活用する。誘致が可能な「理由」として、名古屋に近く、幹線道路が整備されているからである。また一定の面積が必要なので、郊外に整備する。「費用・スケジュール」に関しては、整備に必要な道路などインフラの整備に15億円必要であるが、そのうち10億円は土地の売却益でまかなうので、市の持ち出しの5億円は、4年間の積み立てで対応する。

以上のように古川市長は西寺市政の改革路線を継承・発展させながらも、地域産業の振興により雇用の創出とともに歳入増を実現し、その増えた財源を教育や福祉にあてることにより、元気な多治見を実現するというのである。

山吹テクノパークにトヨタの研修センターが進出

新産業の導入に関しては、果たして30ヘクタールもの工場用地が市内で確保できるのか。また本当に企業が進出してくるのか。私にはこうした疑問がつきまとっていた。

しかし行政の企業誘致に向けた対応は、実にスピーディであった。県下の市町村では最初の企業誘致課が07年8月に設置された。また新規立地を希望する事業者への迅速で正確な対応を図るための企業誘致プロジェクトが、副市長をキャップにして08年1月に設置された。さらに08年3月には、進出企業への優遇措置を引き上げた「多治見市企業立地促進条例」の一部改正が実現した。

早くも08年9月議会では、旭ヶ丘（開発面積7ヘクタール）、上原（4ヘクタール）、山吹（30ヘクタール）のテクノパークを、企業誘致箇所として決定した旨の報告があった。

山吹テクノパークが企業誘致箇所として決定されたのは、次の条件を満たしたことによる。30ヘクタール以上の大規模な工業団地の開発が可能である。中央自動車道や東海環状自動車道、国道19号からの交通アクセスが良好である。地権者がほぼ1社で土地の確保が容易である。鉱山の跡地であるため自然環境への負荷が小さい。以上のためである。

この山吹テクノパークは大規模な開発であるため、多治見市は岐阜県土地開発公社に開発を依頼する。その代わり、県公社が開発の事業資金を調達する際に必要となる、借入金融機関に対する債務保証（40億円）の予算措置を、08年9月の市議会は可決したのであった。

山吹テクノパークの開発は、このように岐阜県土地開発公社が用地の取得から造成工事、工業用地の分譲まで行う。事業主体は、したがって県公社である。ただし、企業誘致活動は多治見市が岐阜県と連携して行うというものであった。

こうして場所も、開発主体も決まった。次は企業が本当に来るのか。来るとすれば何という会社なのか。住民も議会もこれらのことに、関心が注がれるようになった。

市長が、大規模な工業用地を求める引き合いが来ていることに触れた08年12月議会のことである。企業の名前はともかく「どんな産業」か。「東京株式市場に一部か二部に上場しておるかどうか」など、教えてほしいという質問が時を置かず出たのであった。その後の議会でも、本当に企業誘致は大丈夫なのかという質問がされている。これに対し市長は、進出を希望する企業の「企業内での絶対的な機密性」のため、10年秋まで待ってほしいと答弁している。行政は情報管理を徹底し、進出企業名を決して明らかにしなかった。

進出企業がトヨタ自動車であることを知ったのは、トヨタ自動車が10年10月25日に山吹テクノパークの土地購入申込書を多治見市に提出したことを報道したメディアによってである。トヨタの進出はまさに想定外のことで、それを知った市民は大変驚いたのであった。

トヨタが多治見市に進出するのは、国内外の販売店・代理店等の営業や整備・修理スタッフを対象とする、人材育成の研修施設を新設するためである。現在、こうした研修は愛知県日進市にある「トヨタ自動車日進研修センター」で行っているが、ハイブリッド車やその進化したもの、電気自動車など次世代車の開発・販売のため、高度な技術スタッフが求められている。また新興国の市場拡大により、現地スタッフの技術研修者が増えている。こうしたことに対応するには、1974年に設置された日進研修センターでは手狭であり、新しい施設が必要となったからである。

これにより、開発面積30ヘクタールのうち19ヘクタールがトヨタに分譲されることになる。工業用地は1区画だけで、トヨタ1社への分譲である。残る土地は緑地などである。

分譲価格はトヨタの意向で公表しない

2011年4月11日に、トヨタ自動車と岐阜県土地開発公社の間で「土地売買契約書」が交わされ、トヨタ自動車と多治見市の間で「企業立地に関する協定書」が結ばれた。後者の協定書は、多治見市はトヨタの施設等の建設及び事業活動にあたり協力する。トヨタは周辺地域との調和を図り、地域の発展に寄与するよう努めることをうたったものである。

ところがそれを報道した翌日の『朝日新聞』には、「金額は同社の意向で公表しない」とあった。県公社という公的機関が造成した土地の分譲価格が、トヨタという一企業の意向で公表されないということが果たして許されるのか。それはおかしいと思った私は、早速翌日多治見市に「山吹テクノパーク（筆者は山吹パークと記述）の造成に要した経費（土地の取得代を含む）とトヨタへの売却価格がわかる資料」の情報公開を請求した。

直接の当事者でない多治見市に請求したのは、わざわざ岐阜市まで行く必要がなく、地元で済むからである。それに簡単に情報が公開されるであろうことを、信じて疑わなかったからである。しかしながら後述する理由で多治見市が公開を拒否したので、5月31日に岐阜県土地開発公社と岐阜県（用地課）にも情報公開請求を行った。

私の公開請求に対し、4月25日に部分公開の決定が下された。その際、3月9日付の県公社から多治見市あての「多治見山吹テクノパークの分譲価格について（協議）」と「（参考）山吹テクノパーク想定事業費」の資料が公開された。しかし「造成事業に要した費用の詳細および分譲価格」は非公開として、肝心の分譲価格も想定事業費も金額はすべて墨で消されていた。

造成費と分譲価格をなぜ公開しないのか。その部分公開決定通知書によれば、「多治見市情報公開条例第6条第2項第2号及び同項第5号イ」にあたるからであるという。この第6条は既述したように「公開しないことができる公文書」を規定したものである。その「第2項第2号」は、公開することによって当該法人の競争上の地位や正当な利益が明らかに損なわれるものをいう。「同項第5号イ」は、契約などに係る事務に関し、市又は国等の財産上の利益や当事者としての地位を不当に害するおそれがあるものをいう。

以上のように、造成費や分譲価格を公開することは、トヨタのためにも多治見市のためにもならないというのである。

この事態は、私にとって本当に予想外のことであった。なぜなら、私の専門の財政学を持ち出すまでもなく、公的な組織の収入と支出はあますことなく記帳され、すべての人に公表される。自治会でも、ＰＴＡでも、商店街組合でも同様である。この財政民主主義が、いくらトヨタにかかわることといえども、否定されるはずがないと思っていたからである。

トヨタの意向より市民の知る権利

部分公開決定通知書が届いたその４月27日に、次のような「是正請求の趣旨及び理由」を書いて、是正請求した。「トヨタの意向により情報公開しないとのことであるが、市民としては是非知りたい情報であるし、これが公開されたからといってトヨタの利害がそこなわれるとはとうてい考えられない」。

これに対し、行為庁（企業誘致課）の弁明書は、まず多治見市は契約の当事者でないことを強調する。そのうえで、造成費の公開は当事者の県公社の地位を害するおそれがある。また土地分譲価格の公開は、トヨタが非公開の意見を示しているので、トヨタの利益が損なわれるおそれがあるという。

審理段階における口頭意見陳述での行為庁とのやりとりで、多治見市が県公社とトヨタに公開するよう働きかけてきたことを知って、少しばかり救われる思いがした。しかしもちろんそれで満足したわけではなく、反論書を「トヨタの意向を重視することではなく、市民の知る権利こそ優先すべきである」という言葉でしめくくった。

また口頭意見陳述で、行為庁からトヨタの利益が損なわれるという具体的な理由は聞いていない。しかし、「リーマンショックからの業績の不振とリコール問題からトヨタを取り巻く環境が余り良くない中で、公表してほしくないという意思を示されたものと理解しております」という発言を引き出すことができた。

6月8日、審理員は私の異議申立てを棄却した。審理員は4点を検証して、行為庁の部分公開決定を妥当であると判断した。

ここでは、造成費と分譲価格の県による「公表の可能性について」と、それらの情報がなぜ「非公開情報に該当する」かを検証した部分を、審理員意見書に沿って紹介したい。

まず、県による公表の可能性についてである。

公社の決算と事業報告は、県に報告され県民に公表される。したがって山吹テクノパークに関しても、2012年度中に公表される可能性はある。しかし情報公開にあたって企業誘致課が確認した際、公社は非公開の意思を示しており、どのように公表されるか現時点では未定である。

次の分譲価格の公表がトヨタに特別の不利益を与えることになるかどうかに関しては、「法人等が土地の購入者である場合、土地を取得したこと及び取得のための投資額を他者に知られることは、法人等の経営方針や公表前の事業計画等についての風評等を誘発し、円滑な事業運営に支障をきたすことは考え得ることである」。また「トヨタの正当な利益が明らかに損なわれるかどうかについては、実質的にトヨタの判断に依ることから、当該土地の売却価格は条例第6条第2項第2号の非公開情報に該当するものと考えられる」。

造成費の公表に関しては、多治見市は造成費と分譲価格は概ね同額であると説明してきたことを述べた後に、「トヨタ側の土地取得価格非公開の意向を知りながら、それと同等の情報を公開することにより、トヨタから契約当事者としての公社及び企業誘致を働きかけてきた多治見市への不信を招くおそれがあること、こうした行為が今後の企業誘致活動に不利益になる可能性があることも考慮すると、当該情報は条例第6条第2項第5号イに該当するものと考える」。

情報公開へと態度変更した県公社と県

かくして私の是正請求は、是正請求審査会の段階に入ることになった。ところが、私が口頭意見陳述した第1回是正請求審査会が開催されたその翌日の6月17日(岐阜県用地課は6月20日)、岐阜県土地開発公社は私の請求した情報のすべての公開を決定した。

これにより、土地売買契約書のほか、2008年度から10年度までの「財務諸表附属明細書」などを入手することができた。

トヨタへの分譲価格は39億5、300万円、造成費は39億9、377万円であることが分かった。分譲価格が造成費より4、077万円下回っているのは、土地引き渡しに先だって支払いが行われるため、その利子相当分が控除されているからである。まさに土地造成のコストに見合う価格で、トヨタに分譲される。

それにしても、トヨタの意向により公開しないといってきた公社が公開に踏み切ったことに、それは当然という思いとともに、少なからず驚いたのであった。これは一体どうしてなのか。公社からの聞き取りでは、私が情報公開したため、公開することに態度を変更したという。変更した理由は、実に簡単明瞭である。

公社も事業を行えば、事業費の予算と決算を必ず県民に報告しなければならない。県民はしたがって、それによって造成費や分譲価格にアクセスできる。いくらトヨタの意向によって開示できないといっても、それを守り通すことは不可能である。今回の場合、事業費全体の決算まで1年程の時間があったが、どうせ開示することになるので、公表することに関してトヨタの了解を得て情報公開に踏み切ったというのである。なおトヨタは、公表が公共団体の意向であれば、それはやむを得ないとして応じたという。

事業費の予算と決算の公表は、財政民主主義の観点から公的機関はいつでも求められる。前述した審理員意見書にもそれに言及したところがあったが、審理員は「どのように公表されるかは現時点では未定である」として結論を避けた。財政民主主義にもう少し強い思いがあれば、公社はやがて公開するに至るとして、行為庁にも公開を呼びかけることになっていたかもしれない。

公開を答申した是正請求審査会

是正請求の目的を達したので、これで是正請求審査会の審議を打ち切ってもらってもよかった。しかし私は、答申の内容に関心があったので、審査会の継続を希望したのであった。

こうして9月15日に、是正請求審査会の答申が出た。答申の結論は、「非公開とされた部分のうち、印影部分以外の部分を公開すべきであると考える」というものである。

審査会は判断を下すにあたって「本件非公開部分」が「法人地位情報（条例第6条第2項第2号）」と「事務事業執行情報（条例第6条第2項第5号）」にそれぞれ「該当するか否か」の検討を行っている。その際、行為庁の弁明書、審理員意見書、トヨタの回答書などに見られる見解を紹介した上で、本件非公開部分はそれぞれ非公開に当たらないとの判断を下した。その判断を下した根拠を示すと、次の通りである。

その前にトヨタの回答書（7月16日）に触れておきたい。このトヨタの「公文書の公開に対する回答書」とは、審査会の求めに基づく多治見市の「公文書の公開に対する意見照会書」に対するものである。それには、「個別の取引価格については、企業経営上の方針および戦略に関する内部管理情報であり、個別開示は望ましくないため」「分譲価格について『非開示』を希望します」、と記載されていた。

さてまず、非公開部分が法人地位情報に該当するかどうかについてである。「正当な利益が損なわれるとするためには、ある程度、客観的、具体的な理由が必要となるものであり、行為庁のいうこれまでのトヨタとの信頼関係の維持やトヨタ側が非開示を希望するからという理由のみをもって、非開示とすることはできないものと考える」。

次の事務事業執行情報に関しては、「企業は、地方公共団体に関係する事業を展開する場合、当該企業に関する情報は、公文書として常に情報公開の対象となり得る点に留意すべきものであり、一般的な企業との関係悪化の可能性、今後の企業との信頼関係の維持という点のみをもって、事務事業執行情報に当たるとすることはできないものと考える」。

なお事業が進捗中の場合は、事務事業執行情報に関しては慎重な取り扱いが必要である。「市の企業誘致という観点からトヨタの操業開始をもって完了とする見方」も考えられるが、「この点、本件非公開部分は、分譲価格と想定事業費に関するものであることを踏まえると、県公社による土地の造成及び県公社とトヨタの売買契約の締結をもって当該事業の完了とするのが適当であると考える」。したがって、それらが終了した「現時点において、事務事業執行情報には該当しないものと考える」。

以上、県公社と岐阜県が情報公開した後であったため、喜びはそれ程でもなかったが、是正請求審査会が多治見市が非公開とした理由をきちんと論破していることに、溜飲を下げる思いがしたのであった。

後日談を二つ

◉その1——市長の議会答弁から

２０１１年9月の定例多治見市議会で、「多治見市の情報公開制度を検証する」という質問項目の一環として、今回の私の情報公開問題が議員の一般質問で取り上げられた。この一般質問が行われたのは、多治見市が非公開部分の公開を決定する2日前の9月26日のことである。

すみやかな公開決定を求める議員の質問に対して、市長は企業誘致を進めるにあたって、進出企業の意向を尊重することがいかに大事であるかを述べた後で、次のように続ける。

「今回の山吹テクノパークについては、本年２０１１年の4月13日に公開請求が行われております。以降、いろいろ行ってきて、７月６日、トヨタ自動車について意向確認を文書で提出をいたしました。こういう公開請求があります。公開してよろしいでしょうか、どうしましょうか。本年の7月16日、トヨタ自動車から文書で非公開としていただきたい、こういうようなことがありました。

政策っていうのは、その時間が経過していくタイミング、タイミングで最大限の選択をしていくことが政策です。例えば、もう今の時点になったらどうなんだろうか。１年後だったらどうなんだろうかと、情報公開っていうのは常にそうです。

アメリカの公文書館が持っている第二次世界大戦、あるいは原発《ママ》を落としたときにエノラ・ゲイがどういう活動をしたのか、当初は全く非公開なんですけれど、戦後ここまでたってくると、それはすべて公開をしていく。

今回の特に情報公開に関する基本姿勢としては、私自身は一言で言えば、『公開なくして参加なし』、情報公開は積極的にしていくっていう基本姿勢は全く崩していません。

より重要なことは、企業誘致をしっかり成就させる。市民病院の指定管理者をしっかり完成をさせる。

どちらが重要かといったときには、こちらを最優先に考える。それで万が一それが不服だということで裁判に訴えられたとしても、そこで私どもとしては最適の判断をしている、こういうような判断をしております」。

いくら企業誘致に強い思い入れを持ってきたとしても、事ここに至っても相変らず情報公開より企業誘致を優先する市長のこの発言には、あきれて云うべき言葉がない。

◉その2――トヨタ本社での聞き取りから

トヨタは、どうして分譲価格の非公開を希望するのか。企業誘致課の職員の推測やトヨタの回答書ではよく分からなかったので、改めて聞きたいと思った。またその開示がトヨタにどんな不利益を与えるのか。さらには県公社が公開に踏み切った後なのに、どうしてトヨタは非開示を希望する回答書を多治見市に提出したのか。こうした疑問を解くため、トヨタに面談による取材を申し込んだところ、12年2月7日に実現した。

トヨタはなぜ分譲価格を開示しなかったのか。「トヨタが自動車部品を購入した際、その買った値段はいくらだったと公表することはありません。購入先が民間であれ、官公庁であれ、同じスタンスで対応しています。今回のケースも、そういうことです」という管財室担当者の言葉が返ってきた。

しかしこれは、トヨタは自らは公開しないといっているだけであって、開示を求める問いへの回答にはなっていない。

分譲価格の開示による具体的な不利益の発生は、「あるとも言えないし、ないとも言えない」という。何か煙に巻かれたような気がしないでもなかったが、要はトヨタへの具体的な不利益を問題にして非開示を希望しているのではないものと、私は受け止めた。

そしてさらに県公社による開示後の回答書に関しては、前から言ってきたこととの「統一」を図ったまでで、非開示の特別のメッセージを込めたものではないことが分かった。

以上のように、なぜ非開示なのか、本当のところは結局分からずじまいであった。トヨタはもっと情報公開に積極的に取り組み、企業の社会的責任を果たしてほしいとつくづく思う。

3 盆踊りとごみ問題

区の盆踊り大会で出たごみは、ボランティア袋（無料）では収集できない。

自治会の連合組織としての区

２０１２年４月１日から、私は多治見市第35区の区長となった。任期は1年である。市内に全部で50ある多治見市の区は、住民の自主的な自治組織である自治会（町内会）の連合組織である。ちなみに約８００世帯、２、５００人を数える35区の場合は、六つの自治会・町内会で構成される。

自治会は、住民相互の扶助と親睦を図るための諸行事の開催や防災・防犯活動、環境美化・福祉活動などを行う。これに対し区は、地域全域にわたる上記の活動を行うほか、自治会活動の援助や自治会間の連絡調整、市当局への住民意向の反映や自治会組織を通じて行政情報の伝達などを行う。

こうした活動が、35区の場合は1世帯あたり月額200円の区費と市政協力業務委託費、市青少年まちづくり市民会議、市高齢福祉課（敬老会事業）、市環境課（リサイクル）などの市からの交付金、盆踊り大会協賛金でまかなわれる。最近の年間予算は約400万円、市からの交付金のうち、区を介するだけで自治会・町内会にそのまま交付されるものを除いた実質的な予算は、約320万円である。

ボランティア袋でなぜだめなのか

35区のメインイベントは、恒例の35区盆踊り大会である。8月の第1土曜日に、ひばりヶ丘公園で開催される。

やぐらを取り巻いて、「踊り愛好会」のメンバーを中心に盆踊りが繰り広げられる。それを囲むように各自治会・町内会、子ども会、スポーツ団体などが出店する10を超える模擬店が軒を並べる。多くの住民が足を運ぶ。これがいつもの光景である。

ところでその際、焼きそば、とうもろこし、から揚げ、アイスクリームなどの容器や食べ残しなどのごみがどうしても出る。燃えるごみ、ビン、カンに分別したごみ箱を会場にいくつか用意して、それに対応している。盆踊り終了後それらをまとめて、ビン、カンは資源回収の日に出す。燃えるごみは、ごみステーションに運び入れる。

この燃えるごみの処理を、私は何の疑問も持たないでボランティア袋で行った。ごみ収集日の朝、「このボランティア袋のごみは、区の盆踊り大会から出たものです。収集をよろしくお願いします。区長」という張り紙をするとともに、念を入れて清掃センターに電話を入れた。しかしながらボランティア袋では収集できないと言われたので、知人の協力も得て急いで市の指定袋に移し替えた。その数は、多分10個程あったかと思う。

そんなばかなと思いながら駆け込んだ市役所環境課で、「ボランティア清掃を行なわれる皆様へ」というチラシを手渡された。それには、ボランティア袋が使えるのは、公共の場所の美化活動に限られること。「町内の行事（盆踊りやお祭りなど）で出たごみはボランティア袋や旧指定ごみ袋では出せません」と書かれていた。

その法的根拠を求めて、「多治見市廃棄物の処理及び清掃に関する条例」を入手した。それには一般廃棄物処理手数料を徴収しないケースとして、「（1）一般家庭において、市の指定する品目を、市の指定する方法により排出する場合　（2）美化ボランティア活動により集められたものを、市が交付した専用袋を使用して排出する場合」の二つが列挙されている。

このように決められていても、自治会や区のイベントから出たごみを、なぜボランティア袋でなく市の指定袋（大は1枚50円）で処理しなければならないのか。

環境課の窓口では、区の行事のごみは排出者が明確であることが強調された。排出者が特定できることは、家庭ごみと同じであることはもちろん理解できる。しかし区の行事という半ば公的なものと、家庭ごみという私的なものと同一視するのはおかしいのではないか。

それに加えて、ごみ有料化の眼目はごみ減量にある。ところが区の場合は、家庭ごみと違って有料化してもごみの減量化につながらない。なぜなら、行事の主催者としてはどうしたら多くの住民が参加してくれるのかに一番気を使う。ごみの減量化までなかなか気が回らない。また、ごみ袋を区費で購入するので、自分のフトコロが直接痛むことはない。このため有料であっても、家庭と違って区の場合は、ごみ減量化へのインセンティブはあまりないと思う。

以上のような考えから、どうしても市の対応に納得できなかった。そこで私は、「区の行事という半ば公的な行事から出たゴミの処理を、家庭ゴミとなぜ同じ方法でやらなければいけなのか。この場合、ボランティア袋での処理を認めたとしても、市の収入が減ること以外に、市にとってどんな不都合があるのか、私には理解できない。コミュニティの再生とか、振興というのであれば、自治会や区の活動を活発にすることこそが重要であり、それから出たゴミの処理にボランティア袋の使用を認めることは当然のことであると思う」という是正請求を２０１２年9月21日に行った。

棄却の理由

審理員意見書も、是正請求審査会答申も、私の是正請求を退けた。その理由は、次の3点に集約しうる。

まず第一に、区の行事から出たごみの処理は、多治見市廃棄物の処理及び清掃に関する条例に規定されたごみ処理の手数料を徴収しない場合には該当しない。

第二に多治見市のごみ処理有料化の目的は、ごみの減量化だけでなく、ごみの減量努力に応じた「負担の公平性」と、ごみ処理にかかわる経費の一部を排出者に求めて「財政健全化」を図るためであり、いずれも合理的なものである。

第三にコミュニティ振興の重要性は理解するが、しかしその問題とごみ袋の取り扱いは区別して考えるべきである。

まさしく私の完敗である。第一の指摘に関しては、条例の中味に賛同するわけではないが、条例の規定によれば異議のはさみようがない。しかしそれ以外のことに関しては、釈然としないものが残った。

区の行事の場合は、家庭と違って有料化してもごみの減量化が推進されることはほとんどないことを強調したのであるが、それに対する言及がないのを残念に思った。

私は今年（13年）、自治会の有志メンバーとはからって盆踊り大会の模擬店に出店した。その出し物についてかなりの時間を費やして検討した結果が、ラムネ、枝豆そしてトコロテンの3品目である。試飲・試食までして決めたのであるが、その際の基準は皆さんに喜んで買ってもらえることと、食の安心・安全であった。ごみの減量化は頭になかったので、ごみを出す枝豆にしたことに何ひとつちゅうちょしなかった。これが普通であると言えば、それは過言であろうか。

コミュニティへの支援は、ごみ袋とは別の次元であるという。そして支援策として、審理員意見書では施設使用料の減免、集会所の建替修繕費の補助などが列挙されている。一見もっともらしいが、たとえば区が小学校のグラウンドで運動会を開催すると、グラウンドの使用料が免除される。これは、コミュニティへの直接の支援策ではないか。この場合、グラウンドの使用料をとって、別の支援策で対応してもよいことになるが、なぜそうしないのか。そういう疑問を持ったのであった。

そんなに突飛な是正請求なのか

審理員による意見聴取会の際、自治会行事から出るごみ処理袋に関する他市の状況について、調査するよう行為庁（環境課）に要望しておいた。それをまとめた「県内他市の自治体行事のごみ取扱い状況」をみても、自治会に配慮する市はひとつもなかった。また是正請求審査会においても、私の請求に好意的な発言をした人は、誰一人としていなかった。こうした状況から私の是正請求が、「それはないよ」と逆にみんなから迫られているかのように思ったことさえあった。

私の是正請求は、そんなに突飛なものだったのか。これを検証しなければと思いながらも、放置したままであった。2013年の秋になってやっとそれが実現した。以下は、その一端である。

原則無料の大垣市

多治見市民は、燃えるごみは市の指定袋で出す。45㎝×55㎝の大きなごみ袋は、1枚50円である。自治会行事のごみは、この指定袋で出すことになっていることは既述した通りである。

大垣市の場合、指定袋はない。45ℓ（80㎝×70㎝）以内の透明・半透明の袋で、しかも1袋10㎏までの重さの袋で出す。その際、家族の構成員数にしたがって、たとえば4人の標準世帯に対しては、年間市から120枚交付される「無料シール」（「無料可燃ごみ処理券」）を貼って出す。無料シールだけで対応できない時は、1枚150円の「有料シール」（「可燃ごみ処理券」）を購入し、それを貼って出す。自治会に対しては、地域の美化運動に対して無料の「団体シール」が交付される。

少し補足したい。

家族の構成員数に応じて配布される年間の無料シールの枚数は、1994年1月の大垣市民生環境委員会で次のように説明されている。

92年度の可燃ごみの処理量34・74tから、1日の1人当たりの排出量を求めると635gとなる。他方、45ℓの袋を重量換算すると、1袋当たりの平均が10・15㎏となる。週2回収集するので、4人家族までの必要枚数は週2袋である。年間の52週では104枚となるが、収集しない日や市民にお願いする減量分を考慮して、1人から4人までの家族の無料シールは100枚とする。これをベースとしてその他の家族数に応じた必要枚数を決めた。

ただし議員が会派に持ち帰って検討したところ、4人家族はもっと増やすよう要望が出されたため、図表3のような見直しが行われた。

その後市民アンケートを実施したりして、現行は導入時より家族構成員の区分をもっと細分化するとともに、全体にわたって必要枚数を少なくしたものとなっている。それでもごみ収集時に、有料シールが貼ってあるごみ袋を見かけることは、まずないといわれる。

図表3　無料シールの配布基準

導入時		現　在	
家族構成員	枚数	家族構成員	枚数
1～3	100	1	80
		2～3	90
4～6	130	4～5	120
7以上	150	6～7	130
		8 以上	140

（出所）大垣市クリーンセンター

大垣市クリーンセンターの職員の話では、家庭ごみは原則無料を前提に、ごみの減量化を推進するには、この無料シールの配布基準をどうするかが最も重要であるという。

この無料シールは、住民基本台帳に登録された市民が対象で、3月と9月の2回、自治会を通して配布される。未加入の家庭には、市から連絡がいき、公民館などで無料シールを入手する。

未使用の無料シールは、自治会で取りまとめ、1枚につき10円(導入時15円)の報奨金が個人でなく自治会に支給される。ごみステーションの管理が自治会単位で行われており、全体で活用してもらう意味合いからである。

有料シール150円の算出根拠は、10kgのごみを収集運搬及び焼却するに要する経費160円から、市民の負担する袋代10円を差し引いたものである。

このように大垣市の場合、一般家庭において日常生活から排出されるごみは無料を原則とし、それを超えて排出される分については受益者負担とする。大垣市のこうしたごみの一部有料化は、94年7月から導入された。

徹底した受益者負担の多治見市

大垣市より少し遅れて、1997年1月から多治見市はごみの指定袋制と有料化に踏み切った。ごみの収集経費の4分の1を市民に負担してもらうため、大きい袋が18円であった。これが、ごみの収集・焼却・最終処理に至るまでのすべての経費の3分の1を市民に負担してもらうために、05年7月から大きい袋は50円となり、今日に至っている。

その節目節目で、原則無料とする方式が多治見市議会でも話題になった。

96年3月議会で、当初はそれが適当であると考えていた当時の西寺市長は、「それは人口の移動の非常に激しい多治見市では無理であろう」と答弁している。また04年12月議会では、担当部長が「一定量を無料にいたしますと、一定量を超えた場合の袋の値段がもっと高くなってしまうということと、それから、その一定量というのを、どの程度にするのかということの設定いかんでは減量につながらない」と発言している。

このように行政は、原則無料にする方式に否定的であった。代わって支配したのは次にみるような受益者負担論であった。

多治見市の使用料と手数料の原則は、使用料は経費の50％、手数料は経費の100％とする。ごみの手数料は、ただしすべての生活者に関係するので、戸籍関係の写しや印鑑証明のような手数料と同じように経費の100％とするのではなく、50％を妥当と考える。ごみの収集と処理に要する費用は、大きな指定袋1枚（平均4・6kg）あたり148円なので、経費の50％を市民に負担してもらうことにすると、袋の値段が74円となる。これでは値上げ幅が大きすぎるので、段階的措置として3分の1の50円とする。

多治見市のごみ袋の値段は、このようにして決まる。受益者負担の論理に基づくごみ有料化の目的は、ごみの減量化というより、「市の財政を持続可能性に」するためのものである。もちろんごみの有料化がごみの減量に拍車をかけることは毛頭否定するものではないが、ごみの減量化はごみ有料化の大義名分としか思えない。

結語

こうした考え方からすれば、ごみの排出者が特定できる場合にはその排出者にごみ処理経費の負担を求めればよい。区の行事は半ば公的なものと言っても、区の行事から出るごみも家庭ごみと同様の扱いでよい。区の行事から出るごみは有料化してもごみ減量化につながらないと主張しても、それは何ら問題視されることはない。

これに対し大垣市の場合は、市民が日常生活を営む上で排出されるごみの処理は、原則無料である。ただし税金で家庭ごみをすべて処理するのではなく、一定量を超えたごみは有料である。このように、市民に新たな負担をかけないでごみの減量化を追求しているのが大垣市である。

大垣市では、地域の美化運動のために自治会に団体シールが交付されることは先に触れた。その際、自治会の行事から出るごみも、外部の業者による事業ごみが含まれていない限り、団体シールで出すことができる。ただし、このように事業ごみを排除するために、団体シールはあくまで自治会の美化運動のためという名目で交付されている。

私の是正請求は、多分大垣市では突飛なものと思われることはないにちがいない。

4 「市政を考える」市民講座はなぜダメなのか

文化振興事業団オープンキャンパスの講座アドバイザー登録を拒否される。

多治見市文化情報誌「ＢＵＮＢＵＮねっと」

２０１３年初冬のとある日、何気なく多治見市の文化情報誌「ＢＵＮＢＵＮねっと」（秋、60号）を手に取り、パラパラとめくっていると、「市民が教え市民が学ぶ　たじみオープンキャンパス　秋の１１２講座」の一覧表が目に飛び込んできた。

これは、多治見市学習館指定管理者の公益財団法人多治見市文化振興事業団が多治見市との協定により、季刊発行され、市内全戸に配布される。

それまではたとえそれを手にしたとしても、全く関心がなく、内容にまで目を通すことはなかった。しかしこの時ばかりは、違っていた。

11月の防災訓練を終えると、35区の残された行事は1月のどんど焼きだけで、はやくも区長の任務を終えたような気分になる。区長を辞めた後、何をしたいのか。時間を有効に利用するため何ができるのか。そういうことに思いを巡らすようになっていた時だけに、オープンキャンパスの記事を初めて読んだ。

「そうか、こういうおもしろそうな制度があるのか」、自分も何かできないかと思った。しばらく考えた末に思い至ったのが、市民の皆さんと多治見市政を考える講座を持ちたいということであった。講座を持つことができれば、受講生から提起される諸問題に応えるために、もっともっと意識的に市政に取り組むことが必要となる。時間の有効活用を考えていた私にとって、それは大変魅力的に思われた。

たじみオープンキャンパス説明会

年が明けた1月23日に、アドバイザー（講師）登録を希望する人のための説明会が、まなびパーク（学習館）で開催された。

配布された資料に基づき、担当者からオープンキャンパスの趣旨やしくみ、アドバイザー登録から講座終了までの流れの説明があった。

「教えたい」という意思があれば、特定の政治活動・宗教活動などに関するものを除けば、ジャンルを問わずだれでも講座を開くことができる。3カ月が1単位で、受講料は1回500円、市民が気軽に学ぶことができる。さらに教えることになれていない人のために、事務局がサポートすることなど、まさにたじみオープンキャンパスは、「市民が教え市民が学び、さらに自主的な活動へと発展させていくというユニークなシステム」であることが強調された。

まなびパークのほか、文化会館、公民館などを会場として講座は開かれるが、講座の「成立要件」は6人以上の申し込みがあること、受講者の人数によってアドバイザーに講師謝礼が支払われることなどのしくみについて、初めて知った。

アドバイザー登録から講座終了までの流れの説明の後、当日の出席者一人ひとりに、どんな講座を持ちたいのか問われた。私は、「みんなで考えよう、多治見市政を」という講座を、大学のゼミ方式で行いたいと発言したところ、担当者は難色を示し、説明会終了後さらに話し合うことになった。

私は、受講者が市政にこれまで以上の関心を持ってもらうことにこの講座の目的があるので、みんなが意見を出し合い、私はむしろ論点整理役に努めたい、と思うことを話した。他方担当者は、私のこの講座が「教える」ことになるのか、考えあぐねていたように私には思えた。

ここでは結論が出ず、担当者から2、3日検討させてほしいとの申し出があり、私は会場を後にした。しかしその晩電話があり、大学のゼミ方式は想定していないし、講座は趣味的なものに限られているとのことで、私のアドバイザー登録は受け付けられない旨が告げられたのであった。

そこで私は、―「ジャンルを問わず『教えたい』という意思があれば講座を開くことが出来ます」（説明会で配布されたプリント）とあるのに、ゼミ方式の講座は想定していないとか、趣味的なものに限っているからとのことですが、どうして私の考えている講座ではダメなのか、私には理解できません―という「是正請求の趣旨及び理由」を書いて、説明会翌日の24日に是正請求をした。

「不適法」により却下

しかしながら是正請求を審査庁へ提出する際、是正請求できないと口頭で言われていたのである程度予測できたが、「本件については、公益財団法人多治見市文化振興事業団の行う自主事業（市からの指定管理業務には該当しない。）の実施にかかる手続きについての是正請求であるため、多治見市是正請求手続条例第3条第1項に規定する『市の機関の行為等』にはあたらず『不適法』であるため、同条例第27条第1項の規定により『却下』とする」との決定通知（2月15日付）が届いた。

ちなみに多治見市是正請求手続条例第3条第1項は、「何人も、市の機関の行為等が適正でないと考えるときは、当該行為等の是正を請求することができる」というものである。

同じく第27条第1項には、「是正請求が是正請求期間の経過後にされたものである場合その他不適法である場合には、審査庁は、決定で、当該是正請求を却下する」とある。

オープンキャンパスは指定管理者の文化振興事業団の自主事業であり、是正請求は市からの受託事業に限定されるので、当初から是正請求できないと行政から言われてきた。しかしオープンキャンパスが自主事業であっても、文化振興事業団の行為にかかわるものである以上、つまり市の機関の行為にあたるので当然是正請求できるものと考えていた私には、納得がいかなかった。

今でこそ、指定管理者の自主事業に関しては、多治見市といえども介入できないので、是正請求できないという論理はよく理解できる。それでもなお、今回のケースに関しては釈然としないものがある。

それは、自主事業であっても、文化会館や公民館など公的施設を利用して行われているのに、なぜ市が是正できないのかという疑問である。

それはともかく、私のようなケースでもアドバイザー登録できるように、文化振興事業団がオープンキャンパスの方針を再検討することを期待したい。

5　公共的団体なのに、どうして？

校区青少年まちづくり市民会議の行事を小学校で行うと使用料が徴収される。

青少年まちづくり市民会議

「多治見市青少年まちづくり市民会議」は、1993年に「多治見市青少年健全育成市民会議」が改称されたものである。

この青少年まちづくり市民会議について、多治見市教育委員会事務局教育推進課の手による小冊子「多治見市の青少年育成だより～未来を担う子どもたち　地域で守り育てよう～」（2012年3月vol・5）は、次のように述べている。

「『多治見市青少年まちづくり市民会議』は、青少年健全育成をとおして住みよいまちづくりをすすめていくために組織されました。各小学校区には、『校区青少年まちづくり市民会議』が設置され、関係団体・機関と連携し、地域ごとの特性・特色をいかした活動をしています。現在、各校区では夏まつり、盆おどり大会、もちつき大会、どんど焼きなどの伝統的なイベントをはじめ、夏休み親子工作、収穫まつり、いも掘りなどの地域の特色をいかしたイベントを実施しています」。

「各校区の青少年まちづくり市民会議主催のイベントは、子どもたちが主体的・自主的に参加しながら、おとなと関わっていくところに特徴があります。たとえば、『わたしの主張大会』では、子どもたちが自分の意見を表明し、社会参加をするチャンスを積極的に提供していますし、その他の各種イベントではスタッフとしてお手伝いをしていただくことで社会貢献をする場を提供しています。また、参加される方に目を向けますと、親子参加型のイベント等で親子のきずなを育む機会も提供しています」。

ところで私の住む所の市民会議は、「北栄校区青少年まちづくり市民会議」である。この市民会議は、校区に居住する住民及び学校などで組織され、推進委員会と専門部会の二つの組織が設置されている。

役員選出や事業計画、予算などを審議議決する推進委員会のメンバーは、各区区長・青少年委員長・老人会代表、小中学校校長・教頭・PTA会長、市青少年育成推進員、校区主任児童委員・民生児童委員（代表）、公民館長、児童センター館長代理など、各団体や地域から選出された代表からなる。

業務を担当する環境部会、事業部会ならびに教育文化部会の三つの専門部会は、各区青少年委員から構成される。

この市民会議の年間事業活動は、わたしの主張大会、夜間パトロール、夏休み親子工作教室、魚つかみ取り大会、グラウンドゴルフ大会（13年度はわいわいスポーツ大会）、通学路清掃ボランティアサポートである。とりわけ北栄小学校の小さいプールに放流したマスのつかみ取り大会は、大人を含めると５００名を超える多くの住民が押し寄せ、大変盛況である。

これらの活動が、２０１２年度の場合、多治見市青少年まちづくり市民会議から各校区青少年まちづくり市民会議へ交付される「多治見市青少年まちづくり市民会議交付金」26万8、６４６円（10万円＋43円×校区の世帯数）、区からの「助成金」12万円（３万円×４）、「繰越金」など34万1、２１４円、合計72万9、８６０円でまかなわれた。

５割減免の使用料徴収

さて私は、前述したように12年度は区長であったため、あて職で北栄校区青少年まちづくり市民会議の副会長をつとめた。

２０１３年3月7日に開催された第6回推進委員会で、詳細な12年度収支決算報告書の説明を受けた。

その際、「魚つかみ取り大会」では北栄小学校体育館開放使用料（７５０円）、「グラウンドゴルフ大会」では北栄小学校開放使用料（２００円）が支払われていることを知って大変驚いた。どうして使用料が必要なのか質問したが、「自分も不思議に思ったが、支払いを求められたので支払った」との答弁しか返ってこなかった。

少し調べてみると、以下のことがわかった。

魚つかみ取り大会参加者の休憩場所として開放される体育館の使用料は1時間につき３００円、5時間分で１、５００円だが5割減免のため７５０円となる。同じくグラウンドの使用料は1時間１００円、４時間で４００円だがこれまた5割減免で２００円となる。

この5割減免は、「多治見市教育機関の使用料減免取扱規則」による。その第4条第1項の「教育機関の施設・設備を使用する場合の使用料の減免団体及び減免割合」は、図表4の通りである。この図表の「公共的団体」の「別表2」に掲げる団体名は、「自治会、社会福祉協議会その他の社会福祉法（昭和26年法律第45号）に定める社会福祉法人（教育委員会が認めたものに限る。）、青少年まちづくり市民会議（校区青少年まちづくり市民会議を含む。）」である。

これにより5割減免になっていることは知ったのであるが、公共的団体が地域の学校施設を利用するのに、そもそもなぜ使用料が必要なのか、どうしても納得できなかった。

そこで、「青少年の健全育成をとおして住みよいまちづくりを進める多治見市青少年まちづくり市民会議が、その行事を行うのに必要な市立小学校の

図表4　使用料の減免団体及び減免割合

使用する団体	減免割合	
	専用使用料	冷暖房・照明・附属設備使用料
本市、別表第1に掲げる団体（事業公社を除く。）	全額免除	全額免除
公共団体（国、他の地方公共団体）	5割減免	──
公共的団体（市から交付金若しくは委託金を受けている団体又は市の事業を行っている団体のうち別表第２に掲げるものをいう。）	5割減免（公益活動を行う場合に限る。）	──
別表第3に掲げる団体	5割減免	──

（出所）「多治見市教育機関の使用料減免取扱規則」（平成9年3月27日教育委員会規則第13号）による

施設を利用するのに、半額に減免されているとはいえ、どうして使用料を払う必要があるのか、私には全く理解できない」として、2013年3月26日に是正請求した。

なお是正請求後に、先ほど引用した使用料減免取扱規則の第4条第2項に、「自治会が小中学校の屋外運動場を照明設備を使わずに使用する場合、前項の規定にかかわらず、使用料の全額を免除することができる」との規定を知った。同じ公共的団体であるのに、自治会は無料であるのに青少年市民会議は5割減免であるのはどう考えてもおかしい。

さてそれはともかく、ボランティア袋の件とこの使用料の件は、たまたま自分が区長自分の是正請求の正しさを一層確信したのであった。

（※）

を経験したがゆえに直面したものから生まれた是正請求である。

味もそっけもない弁明書

4月22日に、行為庁（教育委員会教育総務課）の弁明書が審理員に提出された。

その弁明書たるや、「多治見市小学校及び中学校の設置等に関する条例」によれば、学校施設の目的外使用は可能であるが、使用者は使用料を納入しなければならない。また「多治見市教育機関の使用料減免取扱規則」によれば、青少年まちづくり市民会議は

5割減免のため、使用料の納入が必要であることが書かれているにすぎない。

法律や条例に基づいて行政サービスを提供している行政としては、これで「立派」な弁明となっているのかもしれない。しかし法律や条例の規定そのものに異議を唱える市民に対する弁明としては、あまりにも不親切である。

そこで私は、「そういう規定に異議を申し立てた市民に対し、その規定がいかに正しいかを論証するのが弁明書であるのに、規定を改めて書いただけのこれは、弁明書といえたものではない」ということだけを書いた反論書を、審理員に提出した。

理解し難い審理員の意見

行為庁の弁明書と請求人の反論書、ならびに請求人の口頭意見陳述などを踏まえて、審理員は公平・中立の立場から一定の判断を下す。その一連の経緯が審理員意見書としてまとめられ、是正請求審査会に提出される。

審理員の意見を紹介する前に、口頭意見陳述で明らかになったことを記しておきたい。なお審理段階の口頭意見陳述は、是正請求審査会のそれとは違って、是正請求にかかわることに関して、請求人は行為庁に質問することができる。

青少年まちづくり市民会議の場合なぜ5割減免なのかの回答はなかったが、学校施設は「平成8年の財政緊急事態宣言時に、原則有料とされた」が、自治会の全額免除は「暫定的な措置」だったということが分かった。それが現在まで続いている。

また青少年まちづくり市民会議も自治会と同様に扱われるべきだと主張したのに対し、今年度は全庁で減免の見直しを行うので、この是正請求を踏まえて検討されることになるという回答があった。ほぼ4年ごとに見直しが行われているのに、これまで是正されてこなかったわけである。

さて審理員の意見は、「今回の是正請求については、請求を棄却すべきものと考えます。ただし、青少年まちづくり市民会議が小中学校の屋外運動場を使用する場合の減免の取扱いは、自治会と同一であるべきとして検討を要望します」。

請求棄却の理由は、「施設を利用する市民と利用しない市民との公平性の観点及び活動に必要な経費のために市から交付金が交付されていることを勘案すると、免除ではなく減額としている現状は適正であると判断」したからである。

想像したこともない、理解し難い棄却の理由が列挙されている。

まず、前者の施設を利用する市民と利用しない市民との公平性の観点とは何か。是正請求審査会でもこれが問題となっている。「審理員に係る質疑」の中で、これを問われた審理員は「ある校区の青少年まちづくり市民会議は施設をよく使い、別の校区の青少年まちづくり市民会議は施設をあまり使わないことがある。使用料が全額免除となっていると、施設をよく使う団体ばかりが得をすることになるので、使用料を納めていただくということである」と答弁している。

すかさず委員からは、「市民活動の活性化にとって、使用料がかかるというのはマイナスである。（中略）自治会活動が活発になることや若い住民が元気になることは、多治見市にとってプラスなので、自治会の使用料も全額免除のままとしてほしい」との反論がなされている。

この委員は、審査会の別のところでも「審理員意見にある『利用しない市民の方々との公平の観点』という考え方は、市民感覚として理解できない。施設を少しでも利用した方が、税金を有効に使っていることになる」と発言しているが、まさにその通りである。

もうひとつの「活動に必要な経費のために市から交付金が交付されていること」とは、どういうことか。一般的にはこれはその団体の公共性を意味するものであるが、ここでの文脈からすると、活動の交付金をもらっているのだから、施設の利用料を払うのは当たり前だという意味と思われる。この論理からすれば、公共性の高い団体ほど交付金も多いので、減額や免除はすべきではないということにならないか。これまた理解し難い。

青少年まちづくり市民会議の減免の取扱いを自治会と同一にする検討を要望していることについて、最後に触れておきたい。

この検討で審理員が期待しているのは、青少年まちづくり市民会議の5割減免を自治会の全額免除に合わせることではなく、むしろ自治会の全額免除を5割減免に引き下げることのようである。

審理員意見書の「要望事項」に、「自治会と青少年まちづくり市民会議の減免取扱いは、同等であることが適当と考えるものであり、現在の自治会の全額減免を青少年まちづくり市民会議にも適用すべきとするものではありません。検討の結果、現在の自治会の全額減免が5割減免となることによって青少年まちづくり市民会議と同等の取扱いとなることも考えられることを申し添えます」とある。また是正請求審査会でこの趣旨を問われた審理員は、「自治会が全額免除となっていることも見直しの対象としてはどうかという提案である」と回答しているからである。

残念な是正請求審査会の答申

この是正請求にかかわる是正請求審査会は5月28日、6月20日、7月19日の3日間（審議なしで答申を決定した8月28日を含めると4日間）開催され、熱心に審議された。

それだけ多くの時間が費やされたのは、結論は全員一致で青少年まちづくり市民会議と自治会は同等に取扱われるべきであるとなったが、市外の委員にとってなじみのない多治見市青少年まちづくり市民会議にかかわることが論議の対象であったからである。

しかし一番の原因は、是正請求にかかわる判断が委員の間で大きく分かれたからである。

一方では、「市民活動を推進するという観点から、青少年まちづくり市民会議は全額免除とすべきである」という意見が出された。

他方では、「青少年まちづくり市民会議を全額免除とすることは、例外を増やすことになるので、青少年まちづくり市民会議は使用料を支払うべきである。受益者負担は大前提であり、本来は自治会の全額免除がおかしいのであって、おかしい方に合わせることはない。使用料は低額なので、使用料を支払うことによって青少年まちづくり市民会議の活動を抑制することにはならない。全額免除を行うことは、多治見市の財政が非常に健全であるという誤ったメッセージを与えるおそれがある。また、青少年まちづくり市民会議だけが特別な団体であるという印象を与え、他の団体の活動を抑制するメッセージを与えるおそれもある。現行の制度には、全額免除、5割減免が定められており、制度を尊重する意味からも、青少年まちづくり市民会議は5割の使用料を支払うべきである。しかし、青少年まちづくり市民会議と自治会の取扱いに差があるのはおかしいので、自治会を5割減免にするという見直しを早急に行うべきである」という。

こうした論議を踏まえて下された是正請求審査会の結論は、請求の棄却である。

そのように判断した理由は、「青少年まちづくり市民会議の施設使用料の減免について、これを5割と定めていることは、施設使用料の受益者負担を原則とする現在の市の政策を前提に考えるならば、使用料の額は低額であり、青少年まちづくり市民会議の活動を抑制する程のものではないため、不当な取扱いであるとまではいえない」というのである。

とりわけグラウンドの使用料に関しては、是正請求が認容されるものと確信していただけに本当に残念に思った。

なお答申の「意見」として、青少年まちづくり市民会議と自治会は、同種の活動を行う公共的団体として同等に扱われるべきである。したがって13年度に行われる予定の使用料・手数料の減免取扱いの見直しに際しては、両者の減免の取扱いについて、減免の有無、減免の割合等について同等の扱いとすることが望ましいことを付している。

多治見市の9月17日付の決定書は、審査会の「意見」を削除した以外はほとんど同じ内容のものである。

「貸す」から「利用して」へ

答申の意見を踏まえて検討された「公の施設等の使用料及び利用料金減免規則の一部改正」により、14年4月から青少年まちづくり市民会議の小中学校のグラウンド使用料5割減免が、自治会と同様全額免除となった。

それはそれで歓迎したい。しかし体育館の使用料は、青少年まちづくり市民会議も自治会も5割減免のままで、改正されなかったことを残念に思う。

このため、この一部改正に関するパブリックコメントで、以下の理由を列挙して、自治会と青少年まちづくり市民会議の体育館使用料全額免除を今後の検討課題とするよう求めた。

まず第一に、コミュニティの再生、振興に向けて、市はこれらの活動を支援する明確なメッセージを住民に伝えることになる。

次に全額免除しても、市の減収は無視しうるほどのごくわずかな金額にとどまる。2012年度の金額を担当課で調べてもらった結果は、次の通りである。

教育委員会教育推進課が窓口の「学校施設使用料」6万7、800円のうち、自治会は0、青少年まちづくり市民会議は450円である。同じく文化・スポーツ課が窓口の「学校開放使用料」454万7、600円のうち、自治会は2万6、850円、青少年まちづくり市民会議は1万1、340円である。合わせた金額は、3万8、640円にすぎない。このうち体育館の使用料はいくらか分からないが、いずれにせよ微々たるものである。

最後に、学校へ通う児童生徒を持たない家庭の地域の学校への関心は、薄くなる一方である。そういう時にあっても、自治会や青少年まちづくり市民会議の行事で住民が学校へ足を運ぶことにより、住民の学校への関心が高まることが期待されるからである。そうでない時に比べ、PTAの資源回収や子どもの見守りに住民がより協力的になることは十分に考えられる。

是非そうあってほしいと思う。行政は学校施設を住民に「貸す」から「利用して」への意識変革が求められているように思えてならない。

6　納得できない決定を白紙に！

市民参加を十分に踏まえずに「地区懇談会の運営方法などの見直しについて」が決められる。

広報広聴の矢継ぎ早の後退にもうガマンできない

２０１２年４月から、月２回発行の多治見市の広報紙「たじみすと」が月１回の発行となった。

図表５は、その理由を明らかにした、11年度の後期地区懇談会で配布された会議資料である。

「見直しの背景」として、ここで指摘されている広報紙の充実、他の広報手段とのバランスならびに「町内会の配布業務に係る負担の軽減」のほかに、「広報紙配送経費の削減」と「環境的側面への配慮」が列挙される場合がある。これらを見ると何も問題がないどころか、よいことづくめのようである。

図表5　広報たじみの発行回数の見直しについて

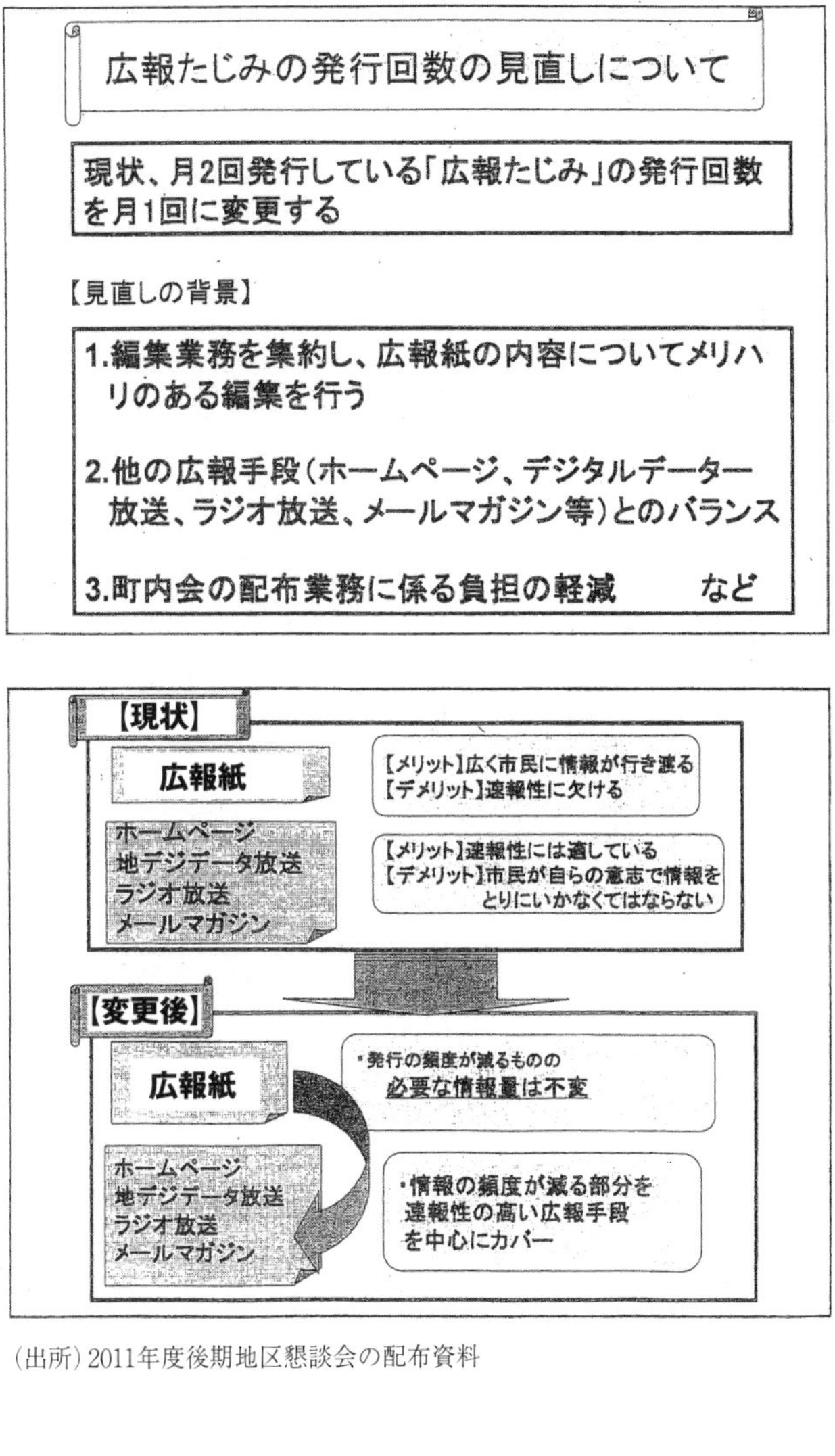

（出所）2011年度後期地区懇談会の配布資料

しかし11年9月議会でのページ数が増えると、面倒くさいということになりかねないという指摘がある。また11年12月議会では、「私は、広報はすべての市民に公平に情報伝達が行われる媒体としても重要で、ほかにかわるものは現在のところあるとは思いません。インターネットや携帯電話等の電子機器は、若い市民への市政の参加を進めるものであり、地デジは情報量の関係である一定のお知らせにしか活用できず、また、100%の市民には届けられないため、広報の代替にはならないと考えます」という発言が行われている。

さらに言えば、広報紙は行政から市民へのお知らせを掲載するだけでなく、市政に関する重要な情報も掲載される。市民が市政について考えていることも報道される。私たちはこれによって、市政に関心を持ち、行政と市民が一緒になって市政を考えることができる。まさに市民自治を実現するためには、なくてはならないものである。

残念なことに、多治見市はこの広報紙の発行回数を減らしたのであった。

そしてさらに13年度から、後期地区懇談会を廃止しようというのである。私の怒りは、もうガマンできなかった。

なぜそういうことをするのかを見る前に、多治見市の地区懇談会について述べておきたい。

多治見市が全国に誇る地区懇談会

以下の引用は、私が一市民として西寺市政の下で実現したすばらしい行政であると実感しているもののひとつとして、拙著『市政に向きあう』の中で記述したものである。

「行政が地域に出向いて住民と対話するのは、何も珍しいことではなく、今やどこでも見られる光景である。しかし多くの場合、合併協議や総合計画の策定などのようなすべての住民にとって大変大きな問題について、それらの問題に直面した時に限って、地区ごとに開かれる。あるいは、ゴミ焼却場や最終処分場のような迷惑施設の立地などのように、特定地区に大きな影響を及ぼすような問題について、当該地区で開催されるのが一般的である。

これに対し多治見市の地区懇談会は、大きな問題の有無にかかわらず、市内の小学校区（13校）ごとに、今では年2回定期的に開催される。前期は市長が出席して、市が直面する主な行政課題を取り上げて、市の方針について住民と対話を交わす。図表10（省略―引用者）は、そのテーマ一覧である。後期は部課長の出席のもと、市が用意したいくつかのテーマから地区の住民代表が選択したものを中心に、懇談会がもたれる。

西寺市政のもとで始まった地区懇談会は、今では年中行事のように住民の中にすっかり定着してきた。それも回を重ねるごとに、行政批判や行政に陳情する場から、行政と情報を共有し、意見交換する場へと変わってきた。住民意識にも変化が見られ、自分たちでできることは自分たちでやろうという気持ちが、芽ばえてきたように思われる。地区懇談会は、住民参加の本当に重要な一形態だと思う。

私は、この地区懇談会に極力出席するよう努めている。市長や部課長の面前で、自由に質問したり、意見を述べたりすることができるからである。彼らの表情がよくわかるし、自分の発言が出席者にどう受け止められるのかわかることもある。もちろん、出席者の他の発言にも学ぶことが多いからでもある（以下省略—引用者）」。

ところで図表6は、2009年度からの地区懇談会参加者数をみたものである。年間延約1，000名の住民が、このように行政と意見交換する意義はすこぶる大きい。なお前期の参加者数が後期よりかなり多いのは、前期の地区懇談会には市長が出席するためと思われる。

図表6　地区懇談会参加者数

年度	平20年度						平21年度						平22年度					
前後期別	前期			後期			前期			後期			前期			後期		
区別	一般	管理職	議員	一般	管理職	議員	一般	管理職	議員	一般	管理職	議員	一般	管理職	議員	一般	管理職	議員
養正	49	14	3	46	10	5	33	21	5	41	14	3	38	15	2	22	13	4
昭和	30	21	2	32	13	4	53	21	3	40	16	2	59	17	4	31	15	3
精華	75	20	5	47	23	5	51	25	4	50	17	2	57	26	3	44	15	5
共栄	36	16	3	20	16	3	33	14	3	27	13	4	35	19	2	16	9	3
池田	46	11	1	40	17	1	47	12	1				48	19	0	23	14	1
小泉	66	13	3	33	14	2	45	5	2	30	11	2	44	20	2	23	14	2
根本	43	11	2	45	15	1	76	14	2	42	17	2	69	20	1	45	15	2
滝呂	56	9	2	28	9	3	27	10	3	38	12	2	41	18	3	42	13	3
市之倉	34	15	4	43	19	4	60	20	5	46	16	4	62	16	3	40	17	4
南姫	33	23	3	43	28	2	43	23	2	33	17	2	47	20	0	57	18	3
北栄	45	13	2	34	14	2	34	18	2	43	11	2	39	14	2	32	11	2
脇之島	34	18	5	19	15	5	29	11	5	32	9	5	23	15	4	23	16	5
笠原	84	19	6	35	26	6	47	26	4	48	22	5	49	24	5	40	19	5
合計	631	203	41	465	219	43	578	220	41	470	175	35	611	243	31	438	189	42
校区当り	48.5	15.6	3.2	35.8	16.8	3.3	44.5	16.9	3.2	36.2	13.5	2.7	47.0	18.7	2.4	33.7	14.5	3.2
対前年	72			117			-53			5			33			-32		
年度合計	1096						1048						1049					
平均	42						40						40					
対前年	189						-48						1					

年度	平23年度						平24年度					
前後期別	前期			後期			前期			後期		
区別	一般	管理職	議員	一般	管理職	議員	一般	管理職	議員	一般	管理職	議員
養正	30	21	2	36	9	3	24	17	5	17	17	3
昭和	36	22	1	57	17	5	43	20	3	37	15	2
精華	58	20	3	42	16	6	59	21	5	27	15	2
共栄	30	19	2	20	10	2	28	16	3	35	13	3
池田	38	19	2	54	17	2	29	20	2	22	15	1
小泉	36	18	1	45	10	0	48	19	5	23	12	1
根本	46	22	1	45	12	2	43	23	2	30	17	1
滝呂	60	19	2	28	13	2	57	16	2	38	14	2
市之倉	67	20	4	49	12	4	55	15	2	42	17	3
南姫	43	23	5	51	11	1	38	19	4	16	17	0
北栄	35	15	2	24	12	3	60	17	3	38	13	2
脇之島	49	14	6	28	8	7	31	18	5	14	12	2
笠原	63	25	7	34	15	6	37	22	4	30	15	4
合計	591	257	38	513	162	43	552	243	45	369	192	26
校区当り	45.5	19.8	2.9	39.5	12.5	3.3	42.5	18.7	3.5	28.4	14.8	2.0
対前年	-20			75			-39			-144		
年度合計	1104						921					
平均	42						35					
対前年	55						-183					

なぜ廃止するのか

２０１２年度第6回区長会が、13年2月27日に開催された。この日は12年度の最後の区長会で、いつも通り市長と市議会議長も出席していた。

議題「（4）平成25年度地区懇談会の開催について」の会議資料には、前期地区懇談会の日程やテーマなどが明記されていただけであった。後期地区懇談会のあり方については、何の記載もなかった。

秘書広報課長から、25年度の市長出席地区懇談会の開催をこの日程で行うのでよろしくとの提案説明があった。これに関し、いつも北栄地域地区懇談会の会場は旭ヶ丘公民館なのに、今回はなぜ北栄小学校体育館なのかの質疑応答のあとに、市長は次のような発言をした。

ひとつは、大声を出すなど地区懇談会の運営に協力できない参加者がいる場合は、行政で対応しにくいので区長の良識ある判断や行動をお願いしたい。もうひとつは、来年度から後期地区懇談会に関しては地元から要望のある校区だけで開催することとしたい。

どうしてそうするかの質問に対し、市長は「無理に課題を作らなければならないとか、一定の人数を集めなければならないとか、前期の地区懇談会のなかで十分な意見交換ができるのではないか、といった意見が寄せられている」からであると言う。

これに対し私は、「北栄校区は、是非後期も開催してほしい。市民の考えが市政に届かなくなると懸念するので、一律でもやったほうが良いと思う」と反対したのであった。後期地区懇談会の廃止に言及したこの市長発言は、あまりにも突然のことで本当にびっくりした。

なぜ後期地区懇談会を廃止するのか。以上のような区長会における市長の発言に対し、パブリックコメントの対象事案書によれば次ページ図表7の通りである。

見直しの背景としていろいろ列挙されているが、とうてい納得できるものではない。区長会における市長の発言とパブリックコメントの対象事案書に対する反論は、後述の私の市長への「地区懇談会の運営方法などの見直しに反対する請願」で触れているので、そちらに譲りたい。

図表7　地区懇談会の運営方法などの見直しについて

運営方法について

年２回開催していた地区懇談会を、市長出席の地区懇談会に１本化して、年１回の開催とします（実施時期：５月～６月）

背景について

- 地区懇談会は平成12年度に開催してから10年が過ぎ、地区懇談会のあり方などについて見直しの時期にきている※平成12年度は年１回、平成13年度から現在の年２回開催
- 広聴の手段として、地区懇談会以外にも市長への提言（広報紙への差込み、市庁舎１階ロビー常設）、要望書、おとどけセミナーなど、広聴の仕組み自体は多様化してきている
- 平成21年度より㈳多治見青年会議所と共催で、無作為抽出で選出した市民による「市民討議会」を開催し、提言を受けるなど、新たな広聴活動の仕組みを実現している
- 市民からの要望や問い合わせについては、メール、ＦＡＸ、手紙、市長への提言などで常時受け付けるなど、開かれた市政を維持するようバランス良く広聴活動を実施している

地域の諸課題について

- 地域ごとの課題については、メールやＦＡＸ、市長への提言などで随時受け付けます
- ５人以上のグループであれば、職員が皆さんの地域へ出向いて説明する「おとどけセミナー」（約90セミナー。窓口はくらし人権課）

もっと広い地域の課題であれば、小学校区単位での説明会の開催などにも応じますので、区長会と相談してください

（出所）パブリックコメントの対象事案書より

パブリックコメントへの意見

4月16日から5月16日まで行われたパブリックコメントに際し、私は次のような意見を提出した。

「このテーマの重要性からすれば、広報たじみにこの問題を特集記事として取り上げ、その中で賛成派反対派両市民による意見交換を掲載するなど、この問題に関する市民的な論議を巻き起こした後に、パブリックコメントを行うのは常識です。それさえしないのだから、今回は撤回するしかありません」。

これに対する「パブリックコメントの回答について」は、「広報たじみの特集は予定していませんが、地区懇談会の運営方法については、区長会での提案、パブリックコメントの実施で市民の皆さんの意見を聞かせていただいています」というものであった。

これでは、広報たじみの特集をなぜ予定していないのか分からない。私にとってあまりにも誠意の感じられない、不愉快な回答だった。

そこで是正請求書で、「私の提出したパブリックコメントへの市の回答は、全く回答になっていない」ことを指摘しておいた。

このためか、行為庁の弁明書で「地区懇談会を全て廃止するわけではなく、市長が参加する地区懇談会は現状のままであり、後期地区懇談会で行っていたような小学校区単位での意見交換会も対応します。そういった観点から、広報紙で特集記事として取り上げるような案件ではないと判断します」という返事が返ってきた。

広報紙でこの問題に触れたのは、パブリックコメント手続きの「あなたのご意見募集中」の「年2回開催していた地区懇談会を市長が出席する年1回の開催とします。地域の諸課題などは小学校区単位で対応します」という記事だけである。意見を提出した人は、私を含めわずか3名である。

いかにこの問題が、市民に周知されていなかったかを示すものである。パブリックコメントを実施して、広く市民の意見を聞いたと決して言えるものではない。

市長への反対請願

何としても後期地区懇談会の廃止を許してはいけないという思いから、5月7日に古川市長に「地区懇談会の運営方法などの見直しに反対する請願」を提出した。

この反対請願では、後期地区懇談会を廃止する背景や理由を取り上げ、その批判的検討をして、従前通り年2回の開催を求めたものである。

まずパブリックコメントでの見直しの背景として、広聴の仕組みの多様化や新たな広聴活動の仕組みの実現などが列挙されている。しかしながらそれは、後期地区懇談会を廃止する理由とはならない。なぜなら「市民参加の充実のためには、広聴の仕組みが多ければ多いほど望ましい」。また一歩譲ってたとえそういう背景があったとしても、「広聴の仕組みとして最も意義のある地区懇談会を見直すのは、市民参加の大きな後退以外の何ものでもない」からである。

次に「地域の諸課題などについて」取り上げ、二つの側面から批判した。

ひとつは、なぜこれをパブリックコメントの対象事案書に持ってきたのか。後期地区懇談会のテーマを地域課題とみなすことによって、それが廃止されても問題がないことを言いたいためとしか思えない。

もうひとつは、そもそも後期地区懇談会のテーマは地域課題にあるのではなく、個別の課題についてより具体的に住民と行政が意見交換することにある。

さらにパブリックコメントの対象事案書には何も書かれていないが、地区懇談会の問題点に触れた区長会での市長発言に関して、「もしそうであったとしても、そういう実態を市民の前に明らかにして、地区懇談会のあり方を改善すればよいのであって、後期地区懇談会の廃止はあまりにも拙速であり、無茶であると言わざるを得ない」と批判した。

そして最後を、「西寺前市長によって実現した積極的な情報公開と市民参加に関して、古川市長は折に触れ西寺市政の継承・発展すべきものとして言及されてきました。そうである以上なおさら、市民参加の核心をなす地区懇談会の開催を2回から1回に減らすようなことは絶対にすべきではないと思います」という言葉でしめくくった。

決定を白紙に戻すことを求めて是正請求へ

それでもらちがあかなかったので、地区懇談会見直しの決定を白紙に戻すことを求めた是正請求を２０１３年5月30日に行った。

その「是正請求の趣旨及び理由」は、「このたびの多治見市の『地区懇談会の運営方法などの見直しについて』の決定までの経緯は、『多治見市市政基本条例』や『多治見市市民参加条例』『多治見市パブリック・コメント手続条例』などに規定された市民参加の理念から大きく逸脱したものと思われるので、その決定を白紙に戻すべきである」というものである。

そしてその具体的な理由として、（イ）市民にとって大事な案件の行政機関の意思決定は、パブリックコメント手続を踏まえて行われるべきものなのに、その前に行われている。（ロ）パブリックコメントの対象事案書には、なぜ地区懇談会を見直すのか正確な情報が記載されていない。（ハ）私のパブリックコメントの意見に対する市の回答は、回答になっていない。（ニ）5月14日から6月20日までの前期地区懇談会で市民の意見を聞いてから決定しても遅くはない。以上の4項目を、是正請求書で列挙しておいた。

これに際しての私の気持は、少しオーバーに表現すれば軍隊の存在に対して違憲判決を求めるような心境であった。

地区懇談会の見直しが区長会の了解を得ていること。パブリックコメントが行われていることなど、一定の手続きに基づいて進められておれば問題はないだろうとする行政に、猛省を促したい。条例に掲げる市民参加の本旨に反するような形骸化した行政のあり方を許すことができない。それを是正請求審査会の答申に求めたのであった。

審理段階における中心的な争点

行為庁（秘書広報課）の弁明書、それに対する私の反論書、それらを踏まえての審理員による意見聴取会の中心的な争点は、後期地区懇談会の廃止が市民参加における重要な変更と考えるかどうかであった。

まず行為庁の主張をまとめてみると、次のようである。

行為庁は地区懇談会の重要性は認識しているものの、多様な広聴のあり方をどうするかを考えるプロセスから、地区懇談会の運営方法を見直すことになった。意見聴取会で秘書広報課長は、「広聴の多様化の中で形を変えただけである」、あるいは「広聴の組成を変えただけと認識している」と言う。

そしてまた地区懇談会をなくすのではなく、後期地区懇談会の開催方法を選択制に変えるにすぎない。市長出席の地区懇談会は、従来と同様に継続する。また校区の区長が地域問題で開催を望めば、これまでと同様の地区懇談会を「意見交換会」として開催する。この意味でも、地区懇談会をなくすものではない。ただし意見交換会は、市内全校区一斉に行われるものではなく、地元が開催を要望した校区に限られる。

以上のようなことから、後期地区懇談会の廃止は重要な変更ではなく、「それほど時間をかけて議論するものではないと考えている」という課長の発言となる。

なお是正請求審査会では、なぜ地区懇談会を見直したのか。後期地区懇談会をなぜ選択制にしたのかに関して、次のようにかなり具体的な発言がみられる。

それらの回答として、「地区懇談会に出席する方だけでなく、色々な形で意見を言う体制が十分整っており、おとどけセミナーのように小回りの利く方法を優先した方がよいと判断した」とか、「地域によっては議題を出すのに苦労したところもあり、後期を選択制にした理由の一つでもある」と述べている。

さて地区懇談会の見直しを市民参加の重要な変更と考えない、行為庁の以上のような主張に対する私の見解は、次の通りである。

地区懇談会は、情報の共有化に向けて行政が自主的・積極的に市民の中に入っていくものである。そこにひとりでも市民が出席しておれば、行政は労をいとわず出向く。市民が市政の主権者であり、市政が市民の信託に基づいて行われている以上、当然のあるべき姿である。

それを市民の要望があれば出向くという。結果は地区懇談会と同じような会議が実現したとしても、行政の受動的・消極的な姿勢への変化とみなされても致し方ないであろう。出向くから同じであると行政がいくら強弁しても、市民からすればそれは大きな後退としか映らない。

しかしもっと大きな問題がある。行政が一律に全校区で地区懇談会を開催するのでこれまでは参加できた市民が、地元から要望がなければ意見交換会が開催されないので、出席できなくなる。これまでのような市民参加の機会が奪われることになることは自明である。

意見聴取会で私は、意見交換会が開催されない地区の住民は年1回しか参加できなくなると主張した。これに対する回答は、「メールや電話、ＦＡＸなど他の手段で意見を発言する機会はある」ので、「意見が言えなくなるわけではない」というものであった。何をか言わんやである。

是正請求を棄却した審理員意見書批判

8月15日、審理員は私の主張について検証した結果、「今回の『地区懇談会の運営方法などの見直しについて』の決定は、手続き上、特に大きな問題もなく、広聴全体のあり方という観点から見ても市民参加の後退につながるものではないと判断します」として、私の是正請求を棄却した。

決定までの手続についていかに問題がなかったかに関し、この審理員意見書はもう少し具体的に次の2点を取り上げている。

ひとつは行為庁が、2回に及ぶ区長会での説明を経て、パブリックコメントを実施した。一定の期間が設けられていたので、「市民の意見を聴取する時間は十分にあったこと」である。もうひとつは、「地区懇談会を全て廃止するものではなく後期を選択制に変えるということ等を総合的に勘案し、地区懇談会や広報紙で取り上げなければならないような優先順位の高い案件ではないと判断し」たからだという。

後者については、その批判的な検討を試みたばかりなので、前者について触れておきたい。

2回の区長会での説明といっても、その1回はその年度の最後の区長会で市長が唐突に言及したにすぎない。もう1回は新しい年度の初めての区長会であり、新人の区長にとっては発言しにくいものである。そしてもっと問題なのは、パブリックコメントの対象事案書からは、なぜ地区懇談会の運営方法を見直すのか、さっぱりわからないことである。問題は、区長会での説明やパブリックコメントの実施という形式的なことではなく、この問題の本質がどれだけ広く市民に周知されていたかである。

ところで私の是正請求は、地区懇談会の運営方法などの見直しの事案の決定までの経緯を問題として白紙に戻すことを求めたにすぎず、それが市民参加の後退につながるから白紙に戻すことを求めたわけではない。しかし審理員意見書は、請求棄却の理由としてそれに言及し、地区懇談会の運営方法などの見直しが市民参加の後退につながらないと記述しているので、この問題を取り上げたい。

審理員は地区懇談会の意義を高く評価しながらも、市民の中には人前で話すことが苦手の人や、勤務の都合で参加できない人がいる。さらに地区懇談会には、90分という時間的制約がある。したがってそういう場合には、文書による「市長への提言」や「要望書」、テーマを絞った「おとどけセミナー」が有効な広聴手法であるという。そういう手法も取り入れることはよいが、しかしながらそこから地区懇談会の回数を減らしても、市民参加の後退にならないというのは全く理解しがたい。地区懇談会に代わる有効な広聴手段はないからである。

審理員はまた、人前で話すことが苦手な市民の存在など地区懇談会の問題を指摘する一方で、他方ではおとどけセミナーを高く評価している。しかしおとどけセミナーの場合も、地区懇談会について指摘された問題があてはまるはずであるが、それを無視しておとどけセミナーを高く評価するのは、これまたはなはだ理解しがたい。

実に不可解な答申

是正請求審査会の口頭意見陳述は、初めて文書「口頭意見陳述の概要」を提出して行った。自分の思いが、できるだけ正確に委員に伝わることを願ってのことである。それだけこの是正請求を重要だと思っていたからである。

この概要は、「『審理員意見書』を読んで」と、「是正請求審査会で検討していただきたいこと」からなる。しかし前者の一部は既述したので、ここでは後者で述べている三つの柱を紹介したい。

まず第一は、パブリックコメントの実施前に市が政策会議で地区懇談会の見直しを決めたのは、「パブリック・コメント手続条例」第8条「実施機関は、前条の規定により提出された意見等を考慮して、対象事案についての意思決定を行うものとする」に反する。

次は、なぜ後期地区懇談会を廃止するのか、その理由が明確でない。また「市政に関する個別の課題」である後期地区懇談会のテーマをなぜ「地域の課題」と強調するのか。この二つを取り上げて、「多治見市市政基本条例」第22条の説明責任を規定した「市は、公正で開かれた市政の推進のため、意思決定の内容と過程を明らかにし、市民に説明する責任を負います」に反する。

三つめは、今年度はこの案件に関する市民的論議を巻き起こし、14年度からの実施を考えたとしても何も問題はない。しかしそうしたことはなされず、このような重大な変更が、多くの市民に十分に知らされないまま、行われたことになる。これは、「市民は市政の主権者」であり、「市は市民の厳粛な信託により市政を運営」するといった市民自治の原則を無視ないし軽視するものであり、とうてい容認できるものではない。

以上のようなことを検討していただきたいと文書にして提出し、補足説明を行ったのである。

しかるに2014年3月18日の是正請求審査会の答申は、「(1)地区懇談会の運営方法の見直しの手続について」と、「(2)地区懇談会の運営方法の見直しについて」を検討し、判断した結果、私の請求を棄却した。

答申は、(1)について、その結論として次のようにいう。

「地区懇談会の運営方法の見直しは、以上のとおり、多治見市における従来の手続と同様、区長会及びパブリックコメントによる市民参加の手続も含む政策決定に関する所定の手続に基づいて行われたものであると考える」。

私は何も、政策会議の決定、区長会での説明・了承、パブリックコメントの実施など、一連の手続だけを問題にしたのではなく、そもそもなぜ地区懇談会を見直すのか。なぜ選択制にするのか。市民にとって分からないまま、ことが運ばれたことを問題としたのであった。審査会議事録でも、委員から分からないという発言が多く見られるだけに、この答申の記述には納得しがたいものがある。

同じく（2）に関しては、こうである。

「今回の地区懇談会の運営方法の見直しについては、是正請求人が主張するように、年2回開催されていた地区懇談会を1回に減らすものではなく、後期地区懇談会を選択制の意見交換会とするものであり、従前どおり2回の地区懇談会の開催の道が確保されている。したがって、地区懇談会の運営方法の見直しは、是正請求人が主張するように、市民参加の水準を切り下げる不当なものであるとまでは言えない」。

よくぞやこんなことが言えたものだと思う。13年度の意見交換会は、13地区のうちたった1地区でしか開催されなかった。開催されなかった地区の住民は、選択制の導入によって大切な市民参加の機会が奪われることになったのではないか。意見交換会の開催を申請しなかった区長に、その責任を転嫁するのであろうか。
（2）に関するもっと大きな問題は、棄却の理由としてどうしてこんなことが取り上げられているのか。私は繰り返すまでもなく、地区懇談会見直しの決定までの経緯が問題であるとして、決定を白紙に戻すよう是正請求した。地区懇談会の見直しが市民参加の水準を切り下げることを問題として、是正請求したのではない。どうして私が述べてきた自明のこのことが理解されないのか、不思議である。
まだある。是正請求審査会議事録には、後期地区懇談会を選択制にしてもよいという委員の発言は見られるものの、選択制が市民参加の水準を切り下げることにはならないという発言は見い出せなかった。それなのにどうしてこんな記述があるのか、私の理解をはるかに超えている。

以上のように、答申が棄却の理由として列挙した（2）に関しては、実に不可解であると言わざるを得ない。

なお答申は、「意見」として12年度の地区懇談会においてその運営方法の見直しについて議論されていないことなど、決定までの手続にいくつかの問題があったことを具体的に指摘する。そして、「多治見市が市民参加の見直しを行う際には、時期に配慮し、必要な期間を設け、十分な議論を行い、見直しの内容及び手続については、広く市民に周知すべきであると考える」という記述で答申を結んでいるが、私の慰めとはならなかった。

多治見市の決定への是正請求は却下

是正請求審査会の答申に以上のような疑問を持つ以上、本来であれば審査会に再審査を申し出るのが筋かもしれない。しかるに多治見市の是正請求制度には再審の規定はないので、答申を尊重する多治見市の決定を待つしかなかった。

案の定、多治見市は答申の棄却の理由をそのまま継承した決定を3月31日付で行った。このため私は、「私は地区懇談会運営方法等の見直しの決定までの経緯が問題であるとして、決定を白紙に戻すよう是正請求したのであって、見直しが市民参加の後退につながるから是正請求したのではない。このように是正請求と直接関係ないことを理由として、請求を棄却することが許されれば、是正請求制度は崩壊する。このため（2）がなぜ列挙されるに至ったかを明らかにすることと、（2）を削除することを求める」という是正請求を2014年4月7日にしたのであった。

しかしながらこの是正請求は、適用除外を定めた「多治見市是正請求手続条例」第5条第10号「この条例に基づく行為等（第32条の規定による行為等を除く。）」に該当するため、「不適法」により「却下」となった（4月22日付の多治見市「是正請求の却下についての決定通知」による）。

この件に関する私の是正請求の結末は、以上の通りである。

私は途方に暮れたが、しかしあきらめることはできなかった。却下された是正請求とほぼ同じものを、公開質問状として2014年5月13日に市長あてに提出した。この公開質問状とその回答については、「おわりに」の最後の小見出し「お上意識の払拭」で取り上げたので、それを是非読んでほしい。

7 行政の「事実に反する言動」を減らす方策

区長会の録音記録がない。
重要な会議のテープは、一定期間保存するよう義務づけて——。

是正請求が是正請求を生む

前述の「地区懇談会の運営方法などの見直しについて」の決定までの経緯に問題があるとして是正請求した際、行政機関の意思決定がパブリックコメント手続前に行われていることを問題のひとつの具体例として列挙しておいた。

このため行為庁の秘書広報課は、パブリックコメントはある程度の方向性を決めてから、広く意見募集する。そしてその際提出された意見を参考・検討し、変更すべき点があれば変更するので、パブリックコメントの手続前に決定しているわけではないという弁明書を提出した。

その中に、地区懇談会の運営方法などの見直しについては、「区長会でまずは方向性を確認し、その後パブリックコメントで広く意見を募集しました」という記述があった。

しかし「区長会でまずは方向性を確認し」とあるのは、事実に反する。当時区長として、その会議に出席していた私の記憶では、そうした事実はなかった。また区長会の会議録にも、そうした記述はなかったからである。このため私は反論書で、13年2月27日の「平成24年度第6回区長会」のテープの準備を求めたのであった。テープを聞けば、本当のことがわかるはずであると考えたからである。

しかし審理員による意見聴取会（13年7月19日）の際、区長会所管のくらし人権課に確認したところ、区長会の録音記録は議事録作成後、順次上書き録音されていくのですでに残っていない旨の回答が、行為庁よりあった。

そこで私は2013年8月30日に、「行政の事実に反する言動を抑制したり、それに反論したりするひとつの有効な方策として、重要な会議のテープは一定期間保存するよう義務づけてもらいたい」という是正請求を行った。

以上のように地区懇談会の運営方法などの見直しに関する是正請求が、会議の録音記録の保存についての新たな是正請求を生むことになった。

一度は請求の取り下げも考えたが

私が是正請求の際に考えていた重要な会議とは、区長会や地区懇談会の類である。市民もメンバーとして入っている行政の附属機関である各種委員会の場合は、普通すべての委員が目を通した上でその委員会の会議録が作成されるので、録音記録はあまり必要としない。しかし区長会や地区懇談会の場合は、出席者の市民全員が会議録の原案を点検することは不可能である。したがってこういう場合は、録音記録の一定期間の保存が必要であると思っていた。

しかるに行為庁である総務課の弁明書には、「記録媒体の保存に係る費用及び録音機材の保有に係る費用に鑑みると、紙媒体による記録のほかに、別途、保存する必要性は低い」とあった。

インターネットのできない私には、弁明書に書かれている電子ファイルもＩＣレコーダーも全く別世界のことのようで、さっぱりわからない。このためたとえば、2時間の会議に必要な録音記録に要する費用はどれくらいかかるのか。以前の録音テープのようなもっと安い方法はないか。行政の事実に反する言動をなくす何かよい方法はないか。以上の3項目を「教えていただきたいこと」として、少しも弁明に対する反論とはなっていないことを、「反論書」に書いて提出した。

行為庁は、審理員の意見聴取会の折に、私の反論らしからぬ反論書に文書「反論書［H25／10／17］への回答」として渡してくれた。

それによればまず録音に係る経費については、「会議のみを対象として議論することは適切ではない」ため、窓口、外出先での交渉、電話など「事務全般を対象」とした試案が示されていた。データ保存に係る経費が年額3億6、780万円、録音機材に係る経費が年額245万9、000円、合わせて年額3億7、025万9、000円が必要となる。しかもこの試算額は、「最低限必要となる額」であるという。

次の旧式の録音テープ等による対応については、録音再生機材の購入・更新と録音媒体の購入が困難である。また録音媒体の保管場所の確保が必要であるし、それの劣化や再生不能となるおそれがある。旧式の録音テープ等による対応についてはこれらの課題があり、困難である。

三つめの行政による事実に反する言動をなくす何かよい方法はないかということに関しては、「分かり易さ」と「正確さ」は一般に「両立しづらい関係」にある。また「事実に反する言動という評価」については、「事実に対する認識、言動に対する解釈によるところもあり、さらには言動の背景や文脈も踏まえる必要」がある。

これらのことに触れた後に、「ついては、市行政としましては、広報等一般的な周知における『分かり易さ』と窓口等における個別事案に対応したきめ細かさによる『正確さ』などを通じ説明責任を果たしていくことが市民の皆様の理解を得る近道と考えております」とある。

よく理解できない点もあったが、費用の面からも物理的な面からも、会議の録音記録を残すことは何か大変なように思われた。もしそうであれば、何もそれに固執する必要はない。是正請求審査会の委員の皆さんの手をわずらわせるのは本意ではないので、この是正請求を取り下げることも考えたのであった。

しかしながら「区長会ではまず方向性を確認し」ということ以外でも、私は行政が後期地区懇談会のテーマを「地域の課題」と言うのは正しくないと言い続けてきた。

13年9月30日の地区懇談会見直しの是正請求審査会で提出した「口頭意見陳述の概要」では、「『市政に関する個別の課題』である後期地区懇談会のテーマをなぜ『地域の課題』と強調するのか。後期地区懇談会の眼目は、市政に関する個別の課題について、実務担当者と市民が意見を交わすことにある。地域の課題はこの個別の課題に含まれるのに、最近になって行政は後期地区懇談会のテーマは地域課題であると強調して、個別課題を地域課題にすりかえている。行政はどうしてそんなことを言うのか。後期地区懇談会のメインテーマは地域課題である。後期地区懇談会が廃止されても、地域課題は地元が必要とすれば、今後とも対応します。このように、後期地区懇談会の廃止は市民にとってそれほど大きな案件でないことを、市民に強く印象づけるための意図的な操作と思えてならない」とさえ言っている。

こうしたことを思えば、是正請求を取り下げることはできなかった。行政による事実に反する言動は、どうしたらなくなるのか。是正請求審査会で、意見を交わしてもらいたいと思ったのであった。

行政の事実に反する言動と説明責任

また前の問題に戻るようであるが、行政はなぜ地区懇談会を年2回開催から1回へと見直すに至ったのか。地区懇談会の運営方法などの見直しについての是正請求に関する是正請求審査会議事録には、行政のこれまでの説明ではよく分からなかった核心のことがよく分かる発言がみられる。

行為庁や審査庁の職員の発言から推測するに、次のようにとらえてよいかと思う。

これまで後期地区懇談会では、部課長が出席して地域の課題について住民と意見交換してきた。しかし地域の課題については、いつも課題があるわけではないので、必要な時だけ開催することにする。そうすればそれによってまた、後期地区懇談会の地域の課題を出すのに苦労する区長の悩みも解消されることになる。これが、後期地区懇談会に代わる選択制の意見交換会である。なお、「地域で困っていることについては、小さな単位で行った方が、よりきめ細かい対応ができる」ので、小回りの利くおとどけセミナーで対応する。

以上のような説明であれば、私を含む多くの市民も理解できよう。ただしこの説明が成り立つには、後期地区懇談会のテーマは「市政に関する個別の課題」ではなく「地域の課題」でなければならない。行政が「地域の課題」という「事実に反する言動」に固執する理由が、私は初めてよく分かった気がしたのであった。

前述の「反論書への回答」は、事実に反する言動をなくす方法について、行政は説明責任を果たしていくことが大事であるというが、ことはそれほど容易でないことが分かると思う。

1年以上経過したのに答申が出ない

以上のように考えたので、結局是正請求は取り下げなかった。

私の関心はもはや録音記録の保存それ自体ではなく、どうしたら行政の事実に反する言動を減らすことができるのかにあった。このため「現状の会議録の作成について適切な内容確認の方法がとられたうえで確定され、公表されていることや、録音テープがあったとしても、解釈上の見解の相違は防ぎようがないことに鑑み、請求人の主張する理由のために録音データの保存を義務付ける必要があるとまでは言えないと判断し、請求は棄却すべきものとした」という審理員意見書（13年11月26日）にも、格別の思いはなかった。

ところで、この件に関する是正請求審査会の口頭意見陳述の席上、私は行政による事実に反する言動をどうしたら防げるかを審査会で議論してもらいたい旨の要望をしておいた。それをここで紹介したかったのであるが、どうやらその痕跡はないようである。

そもそも審査会の答申が10月6日の14年度第3回是正請求審査会までずれ込むとのことであるため、この件に関する記述はここまでで打ち切らざるを得ない。

8　誰のための広報紙？

「広報たじみ」に市民の理解しがたい記事が目につく。

読者＝市民のことが念頭にあるのか

２０１３年10月８日に、私は「広報たじみ」の編集に関する是正請求を行った。その直接のきっかけとなったのは、市民にとって理解しがたい記事が目につくようになったからである。

たとえば９月号には「多治見市人事行政の運営などの状況」が、２ページに渡って特集記事として掲載されていた。これは職員数や職員給与の状況など、公務員法や条例などで公表が義務づけられているものである。その重要性はむろん理解できるが、それがなぜ「特集」なのか。特集記事であれば、市民に伝えたいものをコメントするのが当たり前なのに、単なる数字の羅列に終わっている。これでは特集記事であっても、一体全体どれだけ市民を引きつけることができたであろうか。

また続く10月号には、「地域課題に対する意見交換会を開催」する旨の記事が掲載されていた。これは後期地区懇談会の廃止に代わる意見交換会を、北栄地域で開催することを知らせたものである。しかしながら、「北栄地域の皆さん、ぜひ参加してください」「地域から要望のあったテーマに関し、担当職員が伺い、意見交換会などを行います」とあるだけで、何の説明もない。これではあまりにも唐突で、北栄地域の住民にとっては驚き以外の何ものでもなかったにちがいない。

このような有様では、読む市民のことをどれだけ念頭において広報たじみが編集されているのか、疑問に思ったのであった。

そこで、「もっと市民にわかりやすい広報たじみ、もっと市民が読みたくなるような広報たじみ、もっと市民と共に市政について考える広報たじみにするための方策、たとえば広報たじみの担当者を増やすとか、編集にあたって何らかの方法で市民を参加させるとか、広報たじみの充実に向けた市民からの提言を募集するとか、等を検討してもらいたい」という是正請求を行った。

自己満足の弁明書への反論

これに対する行為庁（秘書広報課）の弁明書は、私が問題があるとして具体的に指摘した二つの記事に関しては、何の弁明も行っていない。また私の提言に関しても、「さらに読みやすくするため、市内のメディア各社（FM、CATV事業者、フリーペーパー制作者）との意見交換」を予定しているとの記載があるにすぎない。

こうした取り扱いとは対照的に、弁明書で強調されていることは、12年度市民意識調査を利用して行われた広報たじみに関する調査結果から、「市民の方からはおおむね紙面に対する評価、理解を得ている」というものである。

弁明書に添付された資料には、「広報たじみを読んでいるか」について、「毎回読む」（46・5％）、「ときどき読む」（36・5％）、「ほとんど読まない」（13・6％）、「読んだことがない」（5・5％）となっている。また「広報たじみの内容」について、「文字の大きさが読みやすい」（89・1％）、「紙面のレイアウトが見やすい」（85・7％）、「掲載内容が分かりやすい」（81・1％）となっている。

以上のように、市民から評価を得ている広報たじみに、難くせをつけるとは何事かといわんばかりの弁明書である。

しかしながら上記の調査結果だけからでは、広報たじみに問題がないことを論証することにはならない。

なぜなら「よい」とか「よくない」という判断は、広報たじみひとつだけ取り上げても一面的であり、他市町村の広報紙との比較から、はじめて言えるものだからである。また広報紙には、検診や申請など市民への重要な連絡事項が盛り込まれているため、「毎回読む」や「ときどき読む」が高い割合を占めるのは当然のことで、紙面の評価とはあまり関係ない。文字の大きさやレイアウトも重要ではあるが、それは内容の一部でしかない。

納得いかない是正請求審査会の進め方

審理員意見書（2014年4月28日）は、「今回の広報たじみに関する是正請求内容は、どちらかといえば意見・要望というべきものではないかと考えますが、多治見市是正請求手続条例の目的に照らして判断するならば、棄却すべきものとします。ただし、その内容については、市政を向上していくための意見として真摯に受け止めるべきものであると考えます」、というものであった。

そこで次の段階にあたる是正請求審査会における口頭意見陳述に向けて準備していたところ、「是正請求の棄却についての決定通知」（14年7月11日）が届いた。てっきり意見陳述の是正請求審査会開催についてのお知らせだとばかり思い込んでいたため、この決定通知には驚いたのであった。

この決定通知によれば、是正請求審査会において、「是正請求の趣旨及び理由並びに審理員意見書をもとに審理し」た結果、諮問を要しないとの結論を得た。よって審査庁は、この是正請求は「広報たじみ改善のための意見・要望と判断」し、棄却とする決定を行った。

なお、是正請求審査会が諮問を要しないものと判断したのは、是正請求が「市民の権利利益及び市政の適正な運営に対する影響の程度その他当該事案の性質を勘案」（「多治見市是正請求手続条例」）した結果である。

これに対する私の疑問は、是正請求審査会が諮問を要しないと認める場合でも、通常の是正請求審査会のように是正請求人の口頭意見陳述、行為庁や審理員に対する質疑をまず行うのが筋ではないか。それらを試みた後に、諮問を要しないという結論が出たのであれば、私も納得する。

今回はなぜかそのようにならなかった。是正請求審査会では、秘書広報課が審理員意見書のように今後改善していくのであれば、審査会で審議する必要はない。内容の改善ということであれば審査会で扱う問題ではない、などの意見が交わされて、諮問を取り上げないことになった。

特集記事のタイトルから見えるもの

かくして、是正請求審査会での私の口頭意見陳述は残念ながら見送りとなった。このためそこで主張したかったことを、以下で取り上げたい。

まずは、広報の発行回数を月２回から１回にした一番の目的は、紙面の充実にあると行政は言っていた。しかし、充実した紙面が実現しているとは思われないことである。図表８（１２４—１２５ページ）は、広報たじみ月１回発行後２年間の特集記事のタイトル一覧である。

見やすくするために、ほぼ毎年決まっていると思われるタイトルに△印をつけた。この△印を除くタイトルを見ると、スポーツ（健康）や子どもに関する特集記事が多いことがわかる。

それらの重要性は決して否定するつもりはないが、「住吉土地区画整理事業」や「第7次行政改革大綱　平成25～28年度」の策定、「地区懇談会の運営方法などの見直しについて」、「防犯灯LED化事業」、「核融合科学研究所周辺環境の保全等に関する協定書および覚書ならびに重水素実験の同意について」などの、この間に市政が直面したきわめて重要な課題が、何ひとつ特集記事として取り上げられていないことに大きな違和感を覚えた。

こんな有様で、広報紙の内容が充実しているといえるのであろうか。

市民の編集への参加

次に、もっと市民に分かりやすい広報たじみ、もっと市民が読みたくなるような広報たじみ、もっと市民と共に市政について考える広報たじみにするためには、市民の目が広報たじみに反映され、そのためには市民が広報の編集に参加する必要があることである。

この問題を考えるために、広報の編集に市民が実際にはどのように関わっているのか、近くのまちへ調査に出かけた。

（出所）各号の「たじみすと」による

	4月	△	① 計画の見える化～計画から実行・実現へ 平成25年度予算をお知らせします
			② たじみ教育生き活きプランを見直しました
	5月		① 新火葬場の建設を進めます
			②「子ども健康・体力づくりプラン」に取り組んでいます
	6月		① スポーツ施設を利用しよう
			② 多治見市の青少年健全育成の取り組みを紹介します
	7月		① 第2次たじみ男女共同参画プラン
		△	② 平成25年度の市が掲げる目標 スピードと正確さをもって着実に進めます
	8月		① 駅北多目的広場整備計画（案）について意見を募集します
			② さまざまな状況に応じて子どもたちを支援します
	9月		① 巨大地震の中を生き抜く
		△	② 多治見市人事行政の運営などの状況
	10月		①「親育ち4・3・6・3たじみプラン」を進めています
			② 気軽にできるスポーツを始めてみませんか
	11月		① ますます子どもの笑顔があふれるまちを目指して
		△	② 平成24年度決算の概要を公表します
	2月	△	市の事業は皆さんの税金で支えられています
2014年	1月	△	2014新春座談会
	2月		① 多治見市型幼保小中一貫教育で習慣向上
			② 三の倉市民の里『地球村』へ行こう！
	3月		「元気なまち」の健康を支える市民病院

図表8 「広報たじみ」月1回発行後の特集記事のタイトル一覧

（△は定番と思われるもの）

2012年	4月	△	① みんなでつくる元気なまち 平成24年度予算をお知らせします ② 6月1日からインターネットで施設予約ができます
	5月		① 健康のためにウォーキングしてみませんか ウォーキングコース100選マップが改訂されました ② ぞくぞく企業が進出
	6月		① 多治見のやきもの再発見 ② 多治見市スポーツ施設を紹介します
	7月		① 1人1人が生き生きと暮らすために 〜第2次たじみ男女共同参画プランを見直します
		△	② 平成24年度の市が掲げる主要目標 スピードと正確さをもって着実に進めます
	8月		新市民病院開院
	9月		① 水害のない安心・安全なまちづくりを目指して
		△	②多治見市人事行政の運営などの状況
	10月		① スポーツ推進委員を知っていますか？ ② 自分たちの大切な命を守るために
	11月		① 子どもの笑顔を守りたい
		△	② 平成23年度決算の概要を公表します
	12月		① ぎふ清流国体が盛大に開催されました
		△	② 税についてのお知らせ
2013年	1月	△	2013新春座談会
	2月		① 建築について学びましょう ② 市・県民税、所得税の申告受付が始まります
	3月		① 根本交流センター4月1日オープン ② たじみ健康ハッピープラン（第2次）が始まります

その結果、愛知県犬山市では「広報いぬやま」の制作がＮＰＯ編集企画協会に委託されていることを知った。大変びっくりするとともに、以前に抱いていた疑問が解消する思いがしたのであった。

以前に抱いていた疑問とは、かつての全国学力テストへの参加問題を取扱った犬山市の広報を手にした時覚えた感動である。どうしたらこのような広報ができるのか、ということである。それには、全国でただひとつ不参加を表明していた教育委員会の見解と同時に、参加しない場合の保護者の懸念が紙面を埋めていた。

さて話は前後するが、この委託は民間活力の導入による経費の削減を目的に、２００３年７月15日号から始まった。それとともに、「市民に市政の情報をわかりやすく、かつ市民サイドに立った情報提供を図り、開かれた市政を目指し」（『定例犬山市議会会議録平成15年２月25日〜３月13日』）た。

03年７月15日号の編集方針には、広報紙が市民の知る権利に応えるために、行政から市民へ伝えること以外に、「新たに市民側から行政側へ発信する紙面を加えます。つまり市民が行政に何を求め、何を願っているのかを把握し紙面化することも時代のニーズ」である。そのためには自治体の広報紙という制約があるとはいえ、行政からの「編集権の独立」の尊重を市に求めている。

そして実際の紙面づくりは、市側からは副市長（当時は助役）のほか担当部長（当時は市長公室長）、市民側は学識経験者（大学教員）、作り手側は3人の編集担当者が出席する、月1回開催される企画編集会議の決定に基づいて行われている。いただいた14年1月1日号には「誇れる犬山市民とは？　自助・共助の精神あってこそ」、2月1日号には「がんばろう！　栗栖・継鹿尾まちづくり」と、大きなタイトルが目に入る。行政ではまず絶対に作れないと思われる広報紙である。

広報紙の編集に市民がどのように関わるのがよいか。犬山市では、大手新聞社を中途退職された新聞記者が委託を引き受けられたから、こうしたことが可能となった。したがって、どこのまちでもできることではない。広報紙のモニター制度はかなりのまちで見られるが、私は市民代表を含む編集会議の設置が望ましいと思う。

是正請求審査会は、私にこうした口頭意見陳述の機会を与えてほしかった。

おわりに
市民自治の息づくまちへ

市民が主役のまちづくり

以上、これまで私が是正請求してきたものを、どうして是正請求したのか。それについてどういう論議が交わされ、その結果はどうであったか。それについて私が思ったことを、その請求事案ごとに述べてきた。

繰り返すことになるが、多治見市の場合、市民が市政に関してそれはおかしい、何としても変えてもらいたいと思う時、是正請求することができる。この請求に対し、審理員による審理と第三者機関の是正請求審査会の答申を経て、市の対応を決めるのが多治見市是正請求制度である。

市民が市政の主人公である以上、こうした是正請求は市民の当然の権利行使である。そのいくつかを、たまたま私が行ったにすぎない。

とはいえ、市民が市政の主権者であり、市は市民の信託に基づいて市政を展開するという市民自治が、広く認識されるに至ったのは、まだ最近のことである。

これまでわが国では、行政サービスが国の法律やそれに基づく条例によって行われ、誰が首長になってもあまり変わりばえのしないまちづくりが展開されてきた。また過密過疎という大変な問題に地域社会は直面していたが、税収増と地方交付税で、自治体の財源がそれなりに確保されていた。そういう時代は、行政にまかせておけばよかった。行政は相変わらず〝お上〟として市民に君臨する存在であり、行政にもの申す市民は煙たがられた。

しかしながら、日本経済が高度成長から「安定成長」、「低成長」へと転換するに及んで、自治体財政は深刻な赤字に直面するに至った。借金まみれの国はもはやそれに対応することはできず、市町村は自力で活路を見い出すしかなかった。

そのため市町村は、自らのまちの活路をまちづくりの主体である市民に求めるに至った。もはや市民を無視して行政を遂行することは、不可能となった。また市民も、自分たちのまちは国や自治体の行政に依存するのではなく、自分たちでつくるという市民意識が強くなってきた。かくして、市民がまちづくりの主役として登場するに至った。

市民自治への思い

以下の引用文は、第6次多治見市総合計画（2008―2015）の策定にかかわる市民委員会委員の公募に際して私が提出した、「多治見市をこんなまちにしたい」という課題作文である。

「市民自治がどこのまちやむらよりもしっかりと根付いたまちにしたい。その理由は、①市民のために市民の期待する行政サービスを展開しておればよかった時代から、市民が自ら自治を担う時代への転換点にある。

②西寺市長は、多治見市を大きく変えた。とりわけ行政のあり方を変えたことは高く評価される。しかし市民の意識はまだあまり変わっていない。西寺市政の継承、発展には、市民意識を少しでも高めることに取り組むことこそが重要である。

③古川市長の元気なまちづくりも、市民自治を担う市民の存在によってこそ、初めて実現される。

そのため、たとえば広報たじみや市議会だよりを市民が編集する。総合計画の策定に際しても、策定委員会が主催して市民集会を開催する。市民参加条例やオンブズパーソン条例の制定、地域自治区の導入などの検討を提起したい」。

少し補足したい。

情報公開と市民参加によって、市民の総意に基づくまちづくりがかなり実現するようになった。これは日本の地方自治の大きな前進であるが、しかし残念なことに市民の多くがまだまだ投票所に足を運ぶだけで、まちづくりに積極的に参加することなく、行政に委ねてしまっているという現状がある。

これまで行政に委ねられていたことや、行政の対象となっていなかったことで、市民にできることは市民で行う。市民だけで出来ないことは行政と協力して課題の解決に努める。既に環境や福祉行政の分野を中心に、ボランティア市民やＮＰＯの活動が見られるが、この流れがもっともっと大きくなることを期待したい。そして行政にも市民がもっとまちづくりの一翼を担うことができるように、さまざまな対応が求められる。

市民がまちづくりを行政に委ねてしまうのではなく、それに主体的に取り組むのは、単に安上がりの行政を実現するためではない。行政サービスの充実に加え、市民が自治の担い手であることを実感し、自治の担い手として成長するためである。それがひいては、日本の民主主義を一歩も二歩も前進させることになるからである。

私は、地域社会がそういう方向に変化していくことを望んでいる。私がこれまでみてきたような是正請求をしたのも、そのためである。そうした地域社会の実現に向けて、私が是正請求して直面したさまざまなことも振り返ったりしながら、日ごろから思っていることを述べたい。

わがまちへの愛着

自宅前の道路の舗装の亀裂が大きくなってきた。見通しの悪い場所なのに、カーブミラーが設置されていない。街路灯や防犯灯がないので、夜間のひとり歩きが怖い。犬のフンが放置されている。ごみステーションのごみが、カラスや野良猫のために散らばっている。犬の無駄吠えがうるさい、など日々の生活で困っていることが、住民の話題となったり、自治会で取り上げられる。

地域の防災対策や高齢者対策などの特定の課題についても、消火器の設置が少ない。消火栓はあっても、肝心の消火ホースが常備されていない。防災倉庫が近くにないし、食料や器材の備蓄品が少ない。見守りをしようにも、そもそもひとり暮らしの高齢者がどこに住んでいるのかわからない。声をかけ合うにも、そこまでするのはおせっかいではないか、などの意見が住民の間で交わされる。

こうしたことに加えて、子どもがいなくなった。近くで買い物ができない。働く場所がない、などさらに切実で大きな地域社会の課題が住民にのしかかっている。

私たちはこのように地域社会のさまざまな問題に直面し、問題によっては自分で対策を取る。あるいは住民の助け合いで解決をはかる。それでも解決できない時は、役所に足を運んで担当課にお願いしたり、知り合いの議員に解決を依頼したりする。

いずれにしても、今住んでいる地域社会を少しでももっと住み良い場所にしたい。いつまでも住み続けられる場所にしたいからである。こうした思いが、私たち一人ひとりの中にある。こうして培われたわがまちへの愛着が、市民自治の出発点である。

このわがまちへの愛着は何人も持ってはいるものの、その人が自治の担い手になるかどうかは、本人の努力はもとより、行政の役割も大きい。

市民の多様な意見への対応

私たちは、その顔がみんな異なるように、考えていることも実に多様である。そして最近は、人の多く集まる場所であっても、あまり臆することなく、多くの市民が自分の意見を堂々と述べるようになった。とりわけ自分の身にふりかかることに関しては、そうである。平成の大合併の際、市内各地で開催された説明会をはじごして、つくづくそのような印象を持った。

市民が助け合ったり、行政と協力してまちづくりを行うには、このように市民が活発に自分の考えを出し合い、意見交換することが不可欠である。

しかしながら会議や集会で、多くの場合自分の意見を一方的に述べるだけで、お互いに異なる意見を交わすことによって、相手への理解を深めたり、お互いに納得する結論を導いたりすることは残念ながらあまりできていない。時間的な制約もあるが、反論を試みることが決して相手を敵視することでも、その人の人格まで否定するものではないのに、相手にそのようにとらえられるのではないかと思ったりして、ついつい抑制してしまう。

私たちは、いわゆるディベートに慣れていないのである。人はみんな違う意見を持ち、違う意見から学ぶべきことこそが多いと考えて、お互いに違う意見を敵対視したりしないようにしたいものである。また自分の正しいと思っている意見も、ひとつの考え方にすぎず、決してごり押ししたりしないで、違う意見を交わすことによって、変わりうることを認識すべきであろう。

いずれにせよ、何人も自由に発言でき、お互いの意見を尊重し合って活発な意見交換できる環境が、市民自治が息づくには必要である。

ところで行政は、自分たちの施策を合理化するために市民の一部の意見を利用するケースがある。

たとえば近年の一例であるが、区長が後期地区懇談会の地域課題の決定や出席者の人集めに苦労しているという意見が寄せられている。これが、後期地区懇談会を選択制の意見交換会とした理由のひとつとされる。

しかしながら区長のこうした悩みに対して行政は、後期地区懇談会も行政が責任をもって開催するものだから、開催することを自治（町内）会長に周知徹底していただくだけで結構です、と対応すればよい。本来区長は地区の関心のあるテーマを無理に作る必要もなければ、人集めに苦労する必要もなかったはずである。それがいかにも区長の悩みを解消するために、後期地区懇談会を意見交換会にしたかのように強調されるのである。

また、広報たじみの発行回数の見直しについての政策会議・調整会議の議事録（2011年度第10回）では、「町内会・区長会等から、広報紙の配布回数を減らしてほしいという要望はどれくらいあるのか。→具体的に件数は把握していないが、そういった話があるのは事実である」とある。ここでもいかにも市民の声に応えて、月2回を1回の発行にしたいというのである。

かつて多治見市は徹底したごみの分別収集を推進し、ごみの減量化を実現するために、ごみ処理の有料化とごみステーションの管理当番を市民に依頼した。それがこのようにどうしても必要であれば、行政は安易に一部の市民の声に応えるのではなく、市民を説得し、協力を求めてきたが、それこそが本来の姿である。そのような姿勢が貫徹されず、施策を合理化するのに都合のよい市民の意見を利用する行政の現状を、残念に思う。

多ければ多いほど望ましい情報共有化の機会

私は名古屋市から多治見市へ転入して間もなくの1978年4月から4年間、50世帯に満たない小さな町内会の町内会長を経験した。2000年に同じ校区内の現在地に転居したが、12年4月から1年間区長を務めた。その際、住民の行事への参加を推進するために、いわゆる教宣活動に力を注いだのであった。

町内会長としては、町内新聞「明和」をほぼ月1回のペースで発行した。今では見なくなってしまったガリ版で作った。区長としては、800世帯全戸配布の「35区だより」を第6号まで発行した。また行事のたびごとに区内に3ケ所ある防災行政無線を利用して、区民の参加を呼びかけた。

いつも心がけたことは、役員会と住民のみなさんとの情報の共有化である。その手段として、必要に応じて広報紙を発行したのであった。住民の皆さんの自治活動への参加を促すには、役員会が何を考え、何をしようとしているかを明らかにすることが必要不可欠と考えていたからである。

この情報共有化の重要性を改めて認識させられたのが、生まれて初めて出席したこの6月の株主総会である。

NISA（少額投資非課税制度）を利用して、地元に本部のあるスーパーA社の株を100株購入した。地元の企業であるし、株主優待制度があることも魅力的であったからである。

このA社の株主総会が、市内の文化会館大ホールで開催された。株主総会に出席することなどそれまで考えたこともなかったのに、お土産付であることにも引かれて、足を運んだ。株主総会とはどんなものか、興味津々であった。

事業報告と決議事項の説明後、活発な質疑が交わされた。消費税引き上げの際、便乗値上げはなかったか。株の長期保有者への優待を考えてほしい。もうかるといわれている福祉事業への事業展開は考えていないのか。自分が考えたこともなかったさまざまな質問や意見に対し、議長（社長）は質問をはぐらかすこともなく、実にわかりやすくていねいに応えた。また忘れがたいことは、分かりにくいことを長々としゃべる質問者に対して、彼の発言をさえぎって議長が手短に要約して話すよう求めた。その時、すかさず会場から大きな拍手がわきおこったことである。

経営陣と株主がこのように一堂に会して意見交換することは、「株主通信」などで読むのと違って、これまた会社の経営戦略を共有するまたとないよい機会であることがよく分かった。出席した多くの株主はA社へのさらなる愛着を持つに至ったにちがいない。

まちづくりにおいても同様である。住民と行政との情報共有化が進めば進むほど、住民はまちづくりに深い関心を持ち、行政に協力し、参加するようになる。

広報たじみの発行と地区懇談会の開催は、その実によい機会である。これら以外にも、ホームページやラジオ放送、デジタルデータ放送などでも行政情報にアクセスすることができる。おとどけセミナーや市民討議会などでは、意見交換できる。情報共有化の媒体は次から次へと新しいものが生み出されているが、それはそれで必要があれば導入すればよい。情報共有化の機会は、多ければ多い程よいからである。しかし新しいものが導入されたからといって、基幹となる広報紙の発行回数を減らしたり、地区懇談会の開催回数を減らしたりすることは、絶対に行うべきでない。情報共有化の手段の重要性からすれば、広報紙や地区懇談会にまさるものは、今のところないからである。

本当のことを言うのが説明責任

「多治見市市政基本条例」の第22条に、「市は公正で開かれた市政の推進のため、意思決定の内容と過程を明らかにし、市民に説明する責任を負います」とある。地区懇談会の運営方法などの見直しについての問題ほど、この説明責任について考えさせられたことはなかった。

前に引用したパブリックコメント対象事案書の図表7（92ページ）に、見直しの背景が書かれているのであるが、見直しの理由がよく分からなかった。

見直しの背景として、広聴の仕組みの多様化や新たな広聴活動の仕組みの実現などが列挙されているが、市民参加の充実のためには広聴の仕組みは多ければ多い程望ましいので、それらは地区懇談会を1回に減らす理由とはなりえない。

12年度第6回区長会でどうして後期地区懇談会を廃止するのか私が市長に質問したところ、無理に課題を作らなければならないとか、一定の人数を集めなければならないといった区長の悩みが寄せられているという答弁があった。しかしこのことに関する記述がない。

地区懇談会の開催を前期の1回だけにするといいながらも、地域の諸課題について地元の要望があれば、これまでの後期地区懇談会と同じものを校区単位で行うという。なぜ地元の要望があったところだけに限定するのか。従来のように地元からの要望の有無と関係なく、行政が一律に出向いていた後期地区懇談会ではなぜダメなのか。その説明がない。

多様な広聴手段をバランスよく実施するというが、地区懇談会の前期と後期ではそのテーマが異なる。同じものであれば一方を取り止めることも考えられるが、全体のバランスを持ってきて、情報共有化の最も重要な地区懇談会のひとつを廃止することは、とうてい理解できないからである。

地区懇談会の運営方法などの見直しに関する是正請求審査会でも、地区懇談会の回数を減らす必要性は何か。なぜ1回にするのか分からない。1回を選択制にする理由がはっきりしない、など委員からも見直しの理由がよくわからないといった質問が多く出されているのである。

したがって市民にとって、なぜ見直すのか分からないままに、事が進んでいったにちがいない。それゆえ、行政のこの見直しに関する説明はきわめて不十分で、説明責任を果たしていないといわざるをえない。

次は、後期地区懇談会のテーマについてである。

行政は、後期地区懇談会のテーマは「地域の課題」であるという。それは正しくない。間違いである、とどれだけ声高に言ってきたことか。

ちなみに企画部長は２０１１年12月の市議会で、後期地区懇談会は「実務担当者と個別の課題について事業のより具体的な部分について意見交換するというようなことを主目的」としたものですと答弁している。

また最後の開催となった12年度後期地区懇談会の開催について、12年8月の区長会で配布された会議資料には、「後期では、市政に関するテーマと地区で関心のあるテーマについて」意見交換する場であるとある。

したがって行政は、後期のテーマが地域の課題でないことはもちろん周知している。しかしそれにもかかわらず、地域の課題であると言い続けてきた。たとえば審理員意見聴取会で「後期は市が用意したメインのテーマと地域の課題であった」と述べた行政の当人が、是正請求審査会では「昨年度までは年2回開催し、前期地区懇談会では、市長が出席し質疑を行った。後期地区懇談会では、部課長が出席し、地域の課題について質疑を行った」と述べているのは、まさにその端的な一例である。

これに対し私は、市長の出席する前期地区懇談会のテーマは「市政全般に関すること」で、部課長の出席する後期地区懇談会のテーマは「市政に関する個別の課題」である。地域の課題は、個別の課題に含まれると考えるべきである。後期のテーマは決して地域の課題ではないといってきたが、行政は決して耳を傾けようとはしなかった。

公の会議や文書で、後期のテーマは地域の課題であると繰り返されれば、そのうち誰しもがそのように受け止めてしまう。私の言うことなどどこ吹く風と、無視され続けた。権力を持つ者は強い、とつくづく思ったのであった。

行政は、それでは地域の課題になぜそんなに固執したのか。既述したように、後期のテーマを地域の課題とすることによってはじめて、後期地区懇談会を選択制の意見交換会とする今回の見直しが、市民の反発をあまり受けないでスムーズに実現できるからであると思われる。

以上のように行政は、あるもくろみを実現するために、事実に反する行動をとることがある。こんなことが許されてよいはずがない。これは説明責任以前の問題である。これでは市民が行政を信頼しなくなることは、明らかである。本当のことをいうのが説明責任を果たすことであり、本当のことが言えないことは行政はすべきでない。

以下は「地域の課題」に関する余談である。

はじめに13年度後期地区懇談会の代わりとして、市内で唯一開催された北栄地域の意見交換会での私の発言からである。

意見交換会について、テーマを地域課題に限定せず、全市的なことも含まれるように地域課題等としてほしい。また、「校区単位の開催となるため、複数の区がある場合には全ての区長による要望が必要となる」（政策会議）とあるが、区長全員の了解でなく、複数の区長の了解で開催できるようにしてほしい旨の発言をした。

これに対し、次回から地域課題の次に「等」を入れること。また校区のすべての区長に相談すれば、全員の区長の了解は必要としない。1人の区長でもよいとの返事を引き出すことができた。

次は、14年6月議会のことである。

選択制となった13年度の意見交換会は、13地区のうち1地区でしか開催されなかった。これは市民参加の後退ではないか、という趣旨の一般質問が行われた。これに対し、「地域の課題がなかったからだ」という市長の答弁が、傍聴席の私にもはっきりと聞こえた。

「市長、それはないよ」と私は思った。それまでは、それでは地域の課題があったのか。地域の課題がなくても地区懇談会が開催されてきたではないか。それを今回から行政が、意見交換会のテーマを地域の課題に限定し、区長の申請方式にしたからではないか。それを問わずして、よくぞや地域の課題がなかったからだと言えたものだと思った。

市民に課題を投げかける

最近ある議員から、次のような耳寄りな話がもたらされた。

議会は2010年から市民対話集会を毎年開催するようになったが、その取り組みを検討していた頃のことである。行政から、現行の年2回の地区懇談会を1回にすることを考えている。ひいては開催時期が重ならないように、たとえば春と秋に別々に行うように調整したい旨の打診が議会にあった。これに対し、行政の地区懇談会と議会の市民対話集会とは全く別のものであるという理由で、議会は断ったというのである。

議会事務局で確認したところ、ほぼその通りであった。口頭でなされたものと推測され、資料は残されていない。また行政がなぜ地区懇談会を1回に減らす意向だったのか、その理由は分からないとのことだった。

電光石火の如く進められた地区懇談会の運営方法などの見直しの核心に触れる部分が、何年も前に検討されていたことを知って、本当にたまげてしまった。

こうしたことを思えば、今回の件は時間はたっぷりとあった。地区懇談会がどんな課題をかかえているのか。なぜ行政は、市民に問題を投げかけようとしないのか。行政は方向性を決めたうえでないと、市民の意見を聞けないと考えているように思われてしかたがない。それを恥だと思っているのではないか。私はむしろ、方向性を行政は決めるために、決める前に広く市民の意見を求めるべきであると思う。

市民が市政のことを自分で考える。みんなと議論しながら考える。考えたことが実現すれば、市政に参加している実感を味わうことができる。こうしたことこそが何よりも大切だからである。

ところで話は変わるが、14年度の地区懇談会で私は、第7次多治見市総合計画の策定は市民参加を大切にするため、1年間でなく2年間をかけて策定してほしいと発言した。それというのも、当日は地区懇談会の出席者に第7次総合計画にかかわるアンケートが実施されていたので、市民参加が大きく後退した第6次総合計画の策定が思い出されて、このような要望をしたのであった。これに対する市長の答弁は、今の時代の変化は激しいので策定に2年間かける考えはないというものであった。

第6次総合計画策定にかかわる問題については、拙書『市政と向きあう』の第2章「まかりとおるマニフェスト」で触れた。詳しくはそれを参照してもらいたいが、第6次総合計画は古川市長のマニフェストを一刻も早く実行に移すため、策定期間を当初の2年間から1年間に短縮して策定された。多治見市では総合計画に基づいて行政が展開されており、総合計画に掲載されていない事業は原則として推進することができないからである。

さて図表9は、そのように策定された第6次総合計画と、西寺市政下で2年間かけて策定された第5次総合計画にかかわる市民参加状況を比較したものである。

それによれば、その差は歴然としている。総合計画策定の中心となったのは、総合計画市民委員会と策定懇話会である。そのうち総合計画市民委員会の開催回数は、第5次の19回に対し、第6次の場合はわずか7回にすぎない。意見を総合計画に反映するため、それぞれの分野で活躍する10名の委員が、視点別につくられた五つの分科会に分かれて、自由に意見を述べ合う第5次の策定懇話会は、第6次の場合には作られもしなかった。市民の意見を聞く最も重要な市民シンポジウムも、第6次の場合は開催されなかった。

行政は、策定期間は1年であるがこ

図表9　総合計画にかかわる市民参加状況

	第5次総合計画	第6次総合計画
総合計画審議会	3回開催	4回開催
総合計画市民委員会	19回開催	7回開催
策定懇話会	・全体会1回 ・5つの分科会で それぞれ5回ずつ開催	結成されず
市民シンポジウム	参加者数　338人	開催されず
パブリック・コメント手続	なし	3回にわたり実施 いただいた意見計28件
地区懇談会	学区別に開催	学区別に開催
おとどけセミナー	申し込み件数10件	申し込み件数なし
市民意識調査	無作為抽出3,000人	・無作為抽出2,000人 ・広報紙、地区懇談会会場、 ホームページ上でも実施
その他	市民団体インタビュー 3日間 参加団体総数　44団体	各種団体等へのヒアリング 11日間 10団体

（出所）拙著『市政と向きあう』62頁

れまで以上に市民参加の手続きを経てまとめたという。その際、子ども会議（スタッフ会議）や連合生徒会など「各種団体等へのヒアリング」の実施を評価するが、1年間という策定期間が市民参加にやはり大きな制約となったことは、議論の余地がないであろう。

総合計画は、社会や経済の中・長期的な展望のもとに、目指すべきまちの将来像に向けて必要な政策や事業を体系的に示したものである。このように自分たちの将来のまちづくりを左右するきわめて重要なものであるから、私たちがもっと大きな関心を持ち、本来は私たちがつくるべきものである。しかしながら、市民の関心も高まらないまま、一般の市民はアンケートに応えたり、説明会で意見を述べる程度で、実際には行政主導によって総合計画は策定されている。

しかしこれを慣行とか、やむを得ないとみなすのではなく、どうしたら市民の総合計画への関心がもっと高くなるのか。またもっと多くの市民が策定に直接参加することができるようになるかを模索する必要がある。

市民の地域社会への関心がどうして高まらないのか、どうしたら高まるのか、時折思うことは次のことである。

行政は、行政にとって好ましくない事象については隠したがる傾向が強い。たとえば13年度の北栄地域の意見交換会で、校区の中学校の窓ガラスが割られたり、路上に消火剤がばらまかれたりすることを取り上げて、中学校の教育にも力を入れてほしい旨の発言があった。しかし当日の意見交換会の質疑を取りまとめた地域回覧の文章には、その事実に何ひとつ触れていなかった。これでは当日の出席者以外、校区のこうした事実を知ることができない。現実を包み隠さずありのままを市民に知らせ、どうしたらよいのか、市民に課題を投げかけることが大事であると思う。そうすれば、市民の地域社会への関心は必ずや高まるにちがいない。

総合計画でも同様だと思う。多治見市は、県下の10万人以上のまちの中で唯一、若い世代の女性の流出による「消滅可能性都市」に列挙された。どうしてそうなのか。そうならないためにはどうしたらよいのか。行政によってこの衝撃的なことがあからさまに提起されれば、市民は無関心でいられない。市民の総合計画への関心が高まるよい機会となるであろう。

次は、市民主導の策定に関してである。

確か東京都下の自治体だったかと思うが、そこでは何百人という市民が一堂に会して、カンカンガクガクの議論を重ねて総合計画を策定したという。行政はあくまで基礎的なデータの提供にとどめ、市民主導を見守ったのであった。当面はそこまでは難しいであろうが、第5次総合計画の策定懇話会分科会のメンバーはそれぞれ10名であったが、それを15名に増やすなど策定に直接かかわる人数を増やすことが望まれる。

いずれにせよ、総合計画は行政がつくるものではなく、市民がつくるものである。この本来の姿に向けて、市民がまちの将来を考える絶好の機会となるように、そしてまた自分たちがつくったと誇れるような取り組みが、期待される。行政にその姿勢があれば、策定期間が長くなることは避けられない。

お上意識の払拭

既に述べたように、地区懇談会の運営方法などの見直しに関する是正請求の答申は、実に不可解なものであった。そこでその答申を尊重した市の決定に対し、その一部の削除を求めて是正請求したのであるが、これまた却下された。

こうした事態に途方に暮れた私は、以下のような市長あての公開質問状を２０１４年5月13日に提出したのであった。

その骨子となるものをここに掲載する。なお原文では、私が削除すべき理由として列挙したものも（1）（2）（3）と標記したが、答申が棄却した理由として列挙した（1）（2）と紛らわしいので、㋑㋺㋩に変えた。

「さて私は平成25年5月30日に、『地区懇談会運営方法などの見直しについて』の決定が市民参加を十分に踏まえていないとして、決定を白紙に戻す是正請求を致しました。これに対し多治見市は平成26年3月31日付で、（1）見直しの手続は政策決定に関する所定の手続に基づいて行われている。（2）後期地区懇談会を選択制の意見交換会とする今回の見直しは、これまで通り2回の地区懇談会開催の道が確保されているので、市民参加の水準を切り下げるものではない。この二つの理由を列挙して私の是正請求を棄却する決定を致しました。

しかしながら私は、棄却する理由として列挙している（2）に関しては、以下の理由からなぜ列挙するに至ったかを明らかにするとともに、削除すべきであると考えています。市長はどのようにお考えなのか、平成26年5月末日までに回答して下さるようよろしくお願い致します。

㋑私は、見直しの決定までの経緯が問題であるとして是正請求したのであって、見直しが市民参加の後退につながることを問題として是正請求したのではありません。このように是正請求の目的と直接関係ないことを理由として請求を棄却することが許されれば、市民が是正請求を試みる意味はなくなるので、多治見市是正請求制度は崩壊しかねません。

㋺選択制となった平成25年度の意見交換会は、13地区のうち1地区でしか開催されませんでした。12地区の住民にとっては、これまでの市民参加の機会が奪われたことになります。この責任は意見交換会を申請しなかった区長にあるのではなく、見直しにあることは明らかであり、選択制が市民参加の水準を切り下げるものではないという考えは正しくありません。

㋩是正請求審査会の議事録には、選択制を認める発言はありますが、それが市民参加の水準を切り下げるものではないというような委員の発言はそもそも見当りません。それなのにどうしてこうしたことがここに列挙されたのか、私には全く理解できません。

補足

なお今回の多治見市の決定が、是正請求審査会の答申を尊重した結果であることは承知しております。確かに『多治見市是正請求手続条例』第25条（第27条を引用者が訂正）によれば、多治見市には答申の尊重義務はありますが、しかし多治見市が答申に問題があると判断すれば、その理由を付して独自に決定することを排除するものではないと考えます」。

これに対する多治見市の回答は、以下の通りである。

「ご質問いただきました内容につきましては、平成26年4月22日付多総第72号「是正請求の却下についての決定通知」にお示しいたした通りです。

この決定は、ご質問者も公開質問状に記載されておられるように、多治見市是正請求手続条例の規定に基づいて行われた決定であります。

また、答申に記載された内容につきましては多治見市是正請求審査会において何度も検討、審査を重ねたうえで、同審査会の判断として市長に対して答申されたものと理解しております。

審査庁として答申の内容を検討した結果、特に多治見市として問題があるとは判断しておりませんので、答申を尊重して決定したものでありますことをご理解いただきたいと考えております」。

回答につき、2点コメントを加えたい。

まず答申の内容が、是正請求審査会で「何度も検討、審査を重ねた」ものとある。しかし是正請求審査会議事録によれば3回開催されているが、1回目は「行為庁に係る質疑」、「是正請求人の意見陳述」、「審理員に係る質疑」で費やされている。3回目は答申の確認だけで、質疑は一切ない。

次に審査庁として、「特に多治見市として問題があるとは判断しておりません」とあるだけで、私が削除すべき理由として列記したものへの見解が何ひとつとして示されていない。

したがってこれは、市民の常識とはずいぶんかけ離れた回答である。回答でない回答をよこすとは市民を愚弄するにもほどがある。

こうした回答がまかり通るのも、「決めるのは行政だ。市民くんだりが何をいう」といわんばかりの、あの旧態依然の「お上意識」の現われである、と私は受けとめた。

行政のお上意識ほど、市民自治の息づくまちと相容れないものはない。

00　岐阜県可児市に見る市民自治の取り組み

多治見市に隣接して、住宅団地と工業団地のバランスのよくとれた人口約10万の可児市がある。このまちにおける、「顔と顔の見える関係づくり」を目指して市民が実に多彩な活動を積極的に展開する桜ヶ丘ハイツ地区社会福祉協議会と、市民自治の仕組みづくりにチエをしぼる行政の、すばらしい市民自治の取り組みを紹介したい。

◉市民の取り組み

ふつうの地区社協から先進的な地区社協へ

まずは、桜ヶ丘ハイツ地区社協についてである。

約3、000世帯、9、000人を数える桜ヶ丘ハイツ地区社協は、可児市にある14地区社協のひとつである。

この桜ヶ丘ハイツ地区社協は、ひとつの開発業者によって開発された桜ヶ丘、皐ヶ丘ならびに桂ヶ丘の三つの大きな住宅団地からなる。開発業者の倒産により、皐ヶ丘と桂ヶ丘の間が未開発のまま緑地帯となっている。

またこの団地の住宅は敷地がかなり広いうえに、地区計画によりブロック塀でなく生け垣が義務づけられている。このため、快適な空間が確保されている。

住宅団地はほぼ同世代の人が入居するため、開発時期によって特有の人口構造がみられる。桜ヶ丘ハイツでも、一番早い１９７２年頃から入居が始まった桜ヶ丘の高齢化率は約30％、最後の桂ヶ丘は約10％と大きな幅がある。

これら三つの団地に、それぞれの名前をつけた自治会がある。その三つの自治会で、桜ヶ丘ハイツ自治連合会を組織している。可児市の自治連合会は、多治見市の区と同じようなもので、市のさまざまな交付金の受け皿となるなど、行政との関係では重要な市民組織である。そしてまた多くの場合、自治連合会長が地区社協の会長を兼務している。

さてこの桜ヶ丘ハイツ地区社協が、先進的な地区社協として脚光を浴びるようになったのは、ごく最近のことである。小学校と高校のＰＴＡ会長などを経験し、地域活動に精通した田原理香さんが、桜ヶ丘ハイツ自治連合会長になった２０１０年度以降のことである。当時は、前述したように桜ヶ丘ハイツでも自治連合会長が地区社協の会長を兼ねることになっていたため、彼女は必然的に桜ヶ丘ハイツ地区社協の会長となった。

それまでの桜ヶ丘ハイツ地区社協の主な活動といえば、可児市社会福祉協議会からの交付金で、77歳を迎えた高齢者をお祝いする「喜寿の集い」の開催と、ハイツ内の地域福祉の推進団体に補助金を交付することであった。

こういう現状に対し、個を重んじる団地の住民は、日々の暮らしの中で住民同士のつながりが少ない傾向がある。しかし少子高齢化に直面する現在、マイホームの管理ができない。買い物や通院が困難となるなど、いろいろな問題が生じ、住民が支えあっていかなければ安心・安全な生活を送ることができなくなっている。そういう地域社会では行政に頼っていてはダメで、自分たちで創るしかない。しかも福祉のまちづくりに労苦を惜しまない人がいる。

以上のような信念を持った田原会長は、市民と共に「ふれあいとやさしさあふれるハイツをつくろう!!　支える人も支えられる人もいきいきと輝くまちへ～」を目指して、まい進するに至る。

それ以降特記すべきこととして、自治連合会長が地区社協会長を兼ねる規約が改正されて、田原さんは12年4月から桜ヶ丘ハイツ地区社協会長に専念するようになった。また12年11月には、地域福祉の拠点として「みんなの家」が開設されたことである。みんなの家は水曜と日曜は休みで、火曜と木曜は事務職員が勤め、それ以外の日はスタッフが分担して常駐している。

今日の桜ヶ丘ハイツ地区社協の活動は、実に広範囲に及んでいる。その広報「手をつなごう」は、14年度の取り組みを次のように整理している。

みんなの家の運営と地域福祉懇談会（自治連・自治会・地区社協を含む、諸団体の福祉についての連携会議）の開催などの「ハイツ地区社協運営体制の強化」、井戸端会議大作戦や戸別訪問による「将来のハイツを見通した福祉課題抽出」、夜間お助け隊、移動支援サービス、家事支援サービス、困りごとの相談などの「困難を抱えている方への支援活動」ならびにハイツカフェ、喜寿のつどい、みんなの家での催し、高齢者のつどい、買物宅配支援、婚活事業、夏休み寺子屋などの「ハイツ住民同士が絆を深める場、支え合う地域の土壌づくり」の4本の柱からなる。

スタートしてそれほど間がないのに、以上のような桜ヶ丘ハイツ地区社協の取り組みには本当に驚くばかりである。

どうしてこんなにすばらしい活動が展開できるのか。以下ではそれについて思うことを列挙したい。

一人ひとりの市民主体のまちづくり

桜ヶ丘ハイツ地区社協が、いかに市民一人ひとりの力によるまちづくりを志向しているか。以下の田原会長の「地域への思い」から、ひしひしとそれが伝わってくる。

「私たちは、このハイツに暮らし、この地で共に年をとっていきます。高齢の方、子供たち、障がいのある方、そしてすべての住民が、この地に暮らす幸せを感じることができるような地域を皆さんと共につくっていけたらと願っています。

たとえ互いの価値観は違っても、どんな一人の存在も、かけがえのないものとされる地域社会になったらどんなにいいでしょう。

これからの時代は、行政に頼るのではなく、住民だれもが自らのちからを発揮していかなければ、地域は成り立っていかないのではないでしょうか。

住民一人ひとりが自分の生活のことだけでなく、まわりにも目を向けて互いに支え合い、助け合うことが必要だと思います。それが地域福祉の原点だと考えています。

一期一会、この縁を大切に、せっかくこの地域で芽生えた人と人とのつながりをさらにつよいものにできるよう、皆で手をとりあっていきましょう。そのための活動の場として、ハイツ地区社協は拠点づくりをすすめています。みなさんの知恵と力を集め、実践の場を築いていきましょう。

どうぞよろしくお願いします」（「手をつなごう」No.19）。

こうした考え方であったからこそ、「井戸端会議大作戦」が地区社協会長に就任した10年に新たに始められたのもうなづけよう。

この井戸端会議大作戦というのは、近所同士の市民のつながりを深め、意見・要望を受けるため、5人以上の市民が地域のことやいざという時のことを話し合う機会をつくって、その報告をすれば、一軒につき800円を助成するというものである。

これは、「みなさん、近所同士のつながりを深めて下さい。そして今後の活動の糧にするので皆さんの意見や要望を寄せて下さい」という思いからなされている。しかしそれにとどまらず、「まちづくりの主人公はみなさんですよ」というメッセージが込められていると私は思う。

この井戸端会議大作戦に加えて、今年から戸別訪問までして井戸端会議大作戦では把握できないことの掌握に努めるという。もっともっと一人ひとりの市民に寄りそうという。実にすごいことである。

あらゆる組織の結集・連携

２０１１年度には、従来の喜寿のつどいと福祉団体への助成金交付に加えて、第２回井戸端会議大作戦、「この指と〜まれ」の「家事支援サービス」、「認知症サポーター養成講座」、「被災地応援バザー」が開催された。

翌12年度からは、桜ヶ丘ハイツまちづくり協議会の「移動支援事業」が地区社協に移管される。夜間の行方不明者の捜索を、警察署や自治会と連携して行う「ハイツ夜間お助け隊」がスタートする。さらにみんなの家が開設され、月１回の「ハイツカフェ」も行われるに至る。

以上のように桜ヶ丘ハイツ地区社協が福祉活動に本格的に乗り出した12年度からは、それまでの「理事会」が「役員会」に、広報紙の「さくら」が「手をつなごう」になった。まさに名は体を表すように改称された。

このようにみてくると、既述したように地区社協の会長が自治連合会長の兼務ではなく専任となった12年度は、桜ヶ丘ハイツ地区社協の歩みにおいて画期的な年であるといってよい。

さて理事会のメンバーは、自治会やハイツ内のいろいろな福祉団体の「会長」や「代表」により構成されていた。いうなれば多くの場合、組織の長のあて職である。主な活動が喜寿のつどいと、福祉団体への助成金の交付先を決めることに限られていた時は、それでよかったのかもしれない。

しかしさまざまな活動を行うようになると、そうはいかなくなる。役員会もさまざまな組織のメンバーから構成されているが、社協の活動を実際に担う人々で構成されるようになった。また福祉に理解のある市民が、公募で役員になることができるようになった。

こうして桜ヶ丘ハイツ地区社協は、地域ぐるみで福祉活動を展開するにふさわしい陣容を整えるに至った。

さらに13年度からは、この指とまれ、ハイツカフェ、移動支援、みんなの家ならびに夜間お助け隊の各プロジェクト（地区社協事業）からの代表者が役員会のメンバーとなり、執行体制の強化が図られた。

図表10　桜ヶ丘ハイツ地区社会福祉協議会体制図

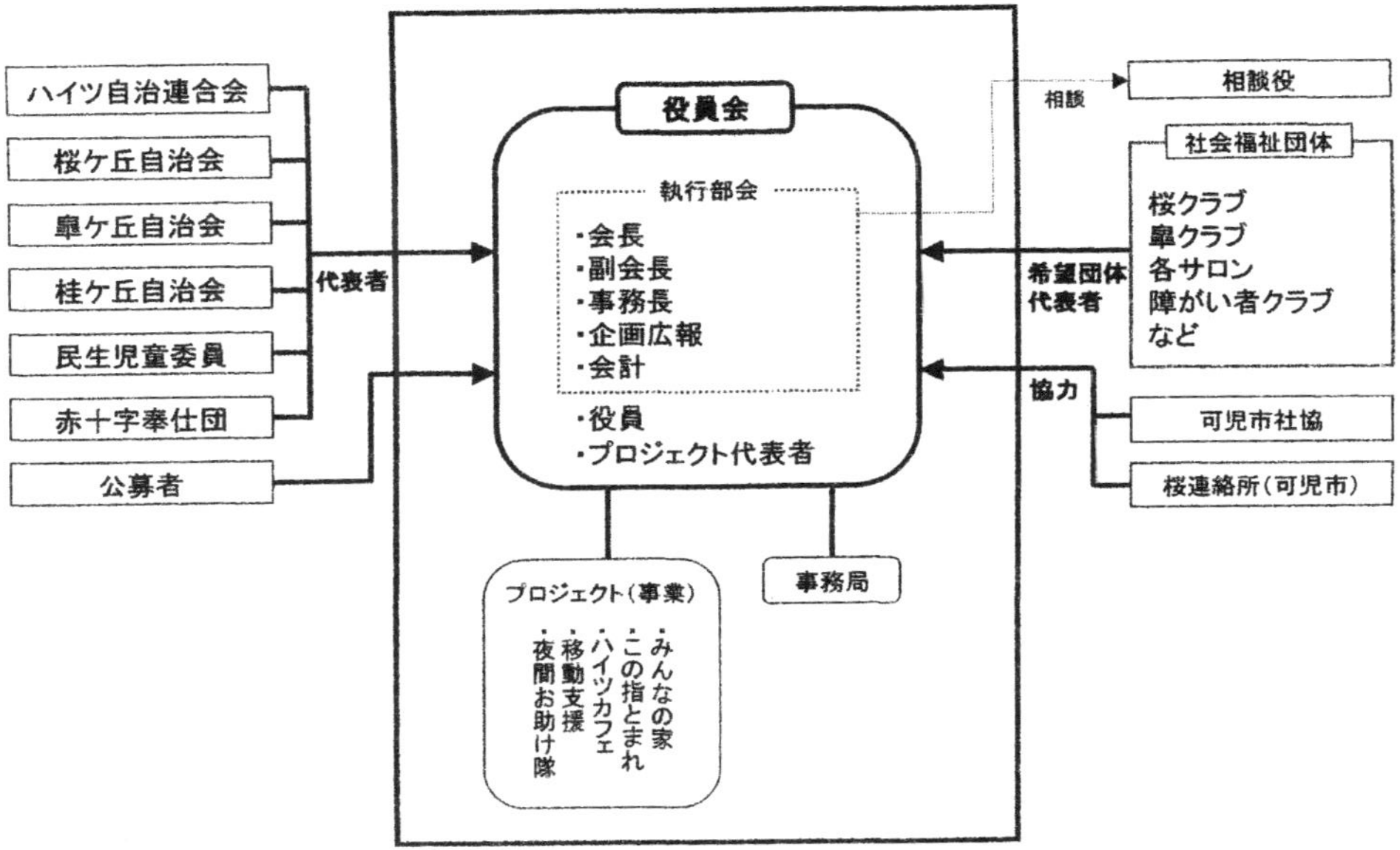

（出所）桜ヶ丘ハイツ地区社会福祉協議会

図表10はその組織図である。いかに多くの地域の組織の結集・連携が図られているかがよく分かる。

地域住民が活躍する人材活用

ハイツカフェ、この指とまれの家事支援など地区社協事業の各プロジェクトが、それに所属するボランティアによって遂行されることはいうまでもない。

これらに加えて、みんなの家で開催されるさまざまな催し物が地域の人々によって担われている。

たとえば月1回定期的に開催される健康相談は、地域に居住する元病院長が対応する。法律相談も同じく地域の弁護士が行う。その他、月1回催される体操教室やリンパ足圧健康法の講師、浅間山ウォーキングのガイドもしかりである。

その他不定期ながら、たとえば韓国語教室、ベトナム料理や韓国料理の作り方、ヨガ教室、年賀状の作り方から「子どもに合った高校の選び方」まで、講師は地域住民である。「夏休み寺子屋」の「小中学生自習タイム」の講師は、地元の退職教員や先輩の中学生である。寺子屋で行われる木工や陶芸、読書感想文などの教室も、地域住民が指導する。

以上のように、さまざまな技能や特技を持つ地域の人々が、みんなの家のイベントの主役を担う。彼らのやりがいにもなるし、地域住民としての自覚も高まる。さらに住民同士の絆が深まる。

こうしたすばらしい人材活用が、試みられている。

だれにも開放

多治見市民である私が、月1回のハイツカフェにはほぼ毎回足を運ぶ。300円を受付で渡して、プロ並みのスタッフが入れてくれたとてもおいしいコーヒーと、3切れのパンをトレイにのせて、空いた席に座る。

お前は多治見市民だからといって変な目で見られるどころか、よく来てくれたと歓迎される。自然と会話がはずむ。

可児市民とか多治見市民とかの区別は何もない。すべての人に開放されている。この開放性が人を引きつける。

◉行政の取り組み

「可児市市民参画と協働のまちづくり条例」の制定

次に、行政の仕組みづくりについてみてみよう。

2004年3月議会で、市民、事業者ならびに市が、お互いの立場を尊重し、協力してまちづくりを進める「可児市市民参画と協働のまちづくり条例」が制定された。

この条例が目指すのは、少子高齢化と地方分権の進展を背景に、これまでの行政主導のまちづくりを反省し、市民が主体的に参画し、行政と協働する市民自治のまちづくりの実現である。そのためのまちづくりの基本理念と、市民、事業者、市のまちづくりの主体となるものの責務を明らかにするとともに、まちづくりへの市民参画の基本事項が、この条例で定められている。

まちづくりの基本理念として強調されていることは、まちづくりの主体は市民である。そして市民と事業者ならびに市の3者が協力してまちづくりを進める。ならびに市民と事業者は土地利用等の私権の行使に際しては、公共の福祉を優先する。以上の3点である。

その他、まちづくりへの市民参画の基本事項としては、まちづくり審議会やまちづくり協議会、協働のまちづくり事業、事業者によるまちづくりなどが取り上げられ、それらに関する規定が盛り込まれている。

まちづくり協議会と協働のまちづくり事業

この条例に規定された、市民の主体的な参画によるまちづくりの具体的なものは、まちづくり協議会と協働のまちづくり事業である。

前者のまちづくり協議会は、まちづくり計画を策定し自ら実施するために、有志の者で組織されたものである。

具体的には次のようなプロセスを経て、まちづくり協議会の事業が実施される。

まずまちづくり協議会の発足にあたって、10人以上の会員で、まちづくりの区域、規約、組織、スケジュールなどを決める。その際、市長に申請する協議会内容が地域において理解されるよう努めることになっている。

市長からまちづくり協議会の認定が得られれば、情報提供や活動費の助成を得て、まちづくり計画案を作成する。その際、地域においてその計画案を検討し、自治会など地域コミュニティー団体と役割分担について合意を得ることが必要である。また、土地利用など私権にかかわる事項がある場合には、地権者の3分の2以上の同意が必要である。

こうして作成されたまちづくり計画案は、まちづくり審議会の審議を経て、市長からまちづくり計画の認定を受けることになる。こうして、まちづくり協議会の事業が開始される。

以上のように、まちづくり協議会が作成したまちづくり計画に基づいて、まちづくり協議会の事業が展開される。

これに対し、後者の協働のまちづくり事業は、自治会やＮＰＯなどの団体が特定の事業を市長に提案する。それをまちづくり審議会が協働のまちづくり事業として認定すれば、市の財政支援を得て行われるようになる。

以上の二つを比較するに、より容易に行うことができる協働のまちづくり事業に関しては、下恵土自治連合会による「下恵土地区安全・安心まちづくり事業」など、かなり多くの事業が展開されている。

これに対し、これまでに設立されたまちづくり協議会は広見東まちづくり協議会、若葉台まちづくり協議会ならびに桜ヶ丘ハイツまちづくり協議会の三つにとどまる。市民のより主体的参画が求められるまちづくり協議会は、まちづくり計画の作成という大変さに加えて、自治会などのコミュニティー団体との関係で、広がりを欠いている。自治会でもまちづくりに努めているので、改めてまちづくり協議会が必要とされないのである。

こうしたこともあって、可児市が市民自治の新たな仕組みとして考え出したのが、以下でみるような「可児市社会貢献システム」である。

「可児市社会貢献システム」

２０１４年４月から、登録したボランティア３００人、協力店２６０店舗でスタートした可児市社会貢献システムは、少子高齢化対策の推進と地域経済の活性化を同時に図る仕組みである。

図表11はその概要図であるが、それに基づいて説明する。

まず市民が、たとえば読み聞かせ（図書館）などの「子育て世代の安心づくり」と、たとえば宅老所などの「高齢者の安気づくり」のボランティア活動をすると、地域通貨（Ｋマネー）と交換できるポイントが与えられる。これが、少子高齢化対策を推進する

図表11　可児市社会貢献システム　概要図

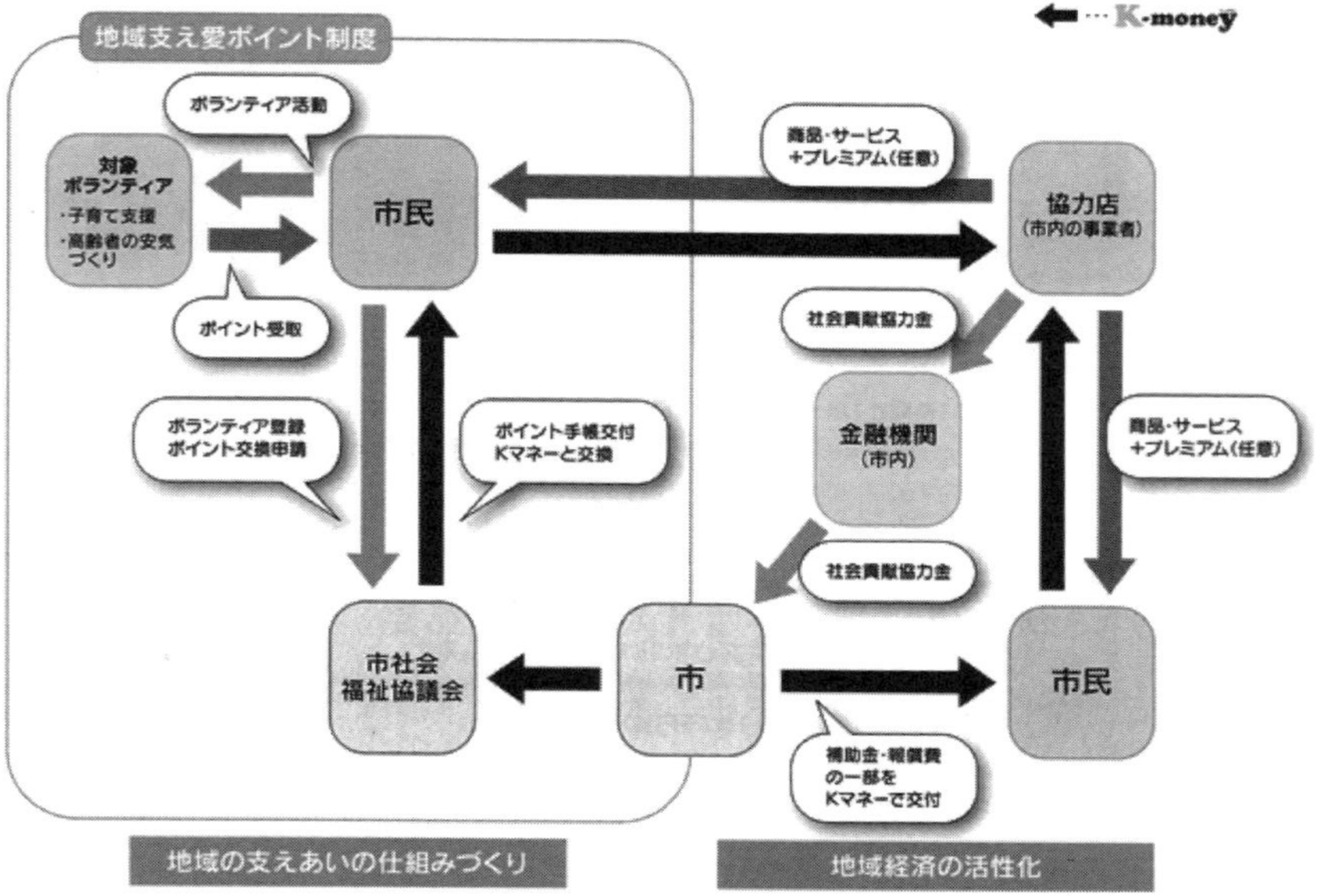

（出所）「広報かに」No.762、2014年4月1日号

ための地域支えあいの仕組みである。

次にボランティア市民は、このポイントをKマネーと交換して、任意ではあるがプレミアムつきで、市内の協力店で商品・サービスの購入に利用できる。それ以外に、市の市民への補助金・報償費の一部を市はKマネーで交付する。Kマネーは市内の協力店でしか使うことができないので、地域経済の活性化に役立つことになる。

なお協力店は、Kマネーを市内の金融機関で換金する時、額面の1％相当額を「社会貢献協力金」として負担する。この協力金は、ポイント制度を行うための財源として使われる。

行政が地域通貨の発行にかかわる、非常にユニークな試みである。

問題としては、ボランティア活動へのポイント制度によって、どれだけボランティア人口が増えるのか。1時間が1単位、100円ということであるが、それによってどれだけインセンティブが働くかである。

もうひとつは、地域経済の活性化につながるだけの多くのKマネーが流通するのか。ボランティアへのポイントはそれほどの金額は見込めないので、市民への補助金・報償費としてどれだけKマネーが交付されるかにかかっているといってよい。

この先進的な試みが成功するとすれば、地域をそして将来は日本の姿を大きく変えていくことになるであろう。そのためにも、是非成功してほしいと願うばかりである。

あとがき

地区懇談会の運営方法などの見直し問題は、いまだに尾を引いている。

私が住む35区の区長が「地域課題等に対する意見交換会の開催希望書」を提出したところ、北栄校区内の区長で反対する区長がいるので、14年度の意見交換会は開催できない。おとどけセミナーになるとの連絡が、行政より区長にあったというのである。

ちなみに北栄校区は、4つの区からなる。

このことを知った私は、早速2014年8月1日付の次のような「是正請求の趣旨及び理由」で、是正請求した。ただし資料は、ここでは省略した。

「意見交換会に大へんふさわしいテーマであるのに、反対区長の存在を理由に、おとどけセミナーしか開催できないとする秘書広報課の見解は、次の理由からも全く理解することができない。
（イ）昨年の意見交換会における企画部長の答弁によれば、区長間で相談すればよいことになっている。

（ロ）私の是正請求を棄却した多治見市の決定書の中で、多治見市は意見交換会が確保されているので、市民参加の引き下げにはならないと述べている。

（ハ）本年6月議会の一般質問で、意見交換会が開催されなかった地区の住民は市民参加の機会が奪われたのではないかと問われて、多治見市長は地域課題がなかったからだと答弁している。

よって、意見交換会として開催すべきである。

もし意見交換会が開催されないのであれば、そもそもこうした事態を招いた根本原因は、後期地区懇談会を選択制の意見交換会に見直したことにあることは明白である。2012年度まで開催されていた、行政が責任をもって開催する後期地区懇談会に戻すべきである」。

選択制の意見交換会に関して、まさに懸念された事態が現実に生じたのであるが、後期地区懇談会の復活に向けてがんばりたい。

平成の大合併や愛知万博の時もそうであったが、私は自分の意に反する重要な施策が行政によって行われると、それを記録しておきたい衝動に駆られることがある。書くことによって、自分の気持や考えを整理するのが、クセのようになってしまった。
こうして書き留めたものと、私が長い間あたためてきた市民自治への思いを書いたものの出版を、今回も快く引き受けていただいた風媒社の山口章代表と劉永昇編集長に厚く御礼申し上げる。

早川　鉦二

2014年9月

■著者紹介
早川 鉦二（はやかわ・しょうじ）
1941年生まれ。1965年、九州大学文学部卒業。1967年、京都大学大学院経済学研究科修士課程修了。同年4月から、愛知県立大学外国語学部で教育・研究（財政学・地方自治）に従事。1997年10月より、98年9月までスウェーデン・ウプサラ大学に留学。2007年3月、定年により退職。愛知県立大学名誉教授。
（主な著書）『スウェーデンの地方自治』〈現代シリーズ12〉（労働大学、1999年）、『市町村合併を考える』（開文社出版、2001年）、『わがまちが残った』（開文社出版、2004年）、『合併破談　その後』（開文社出版、2006年）、『愛知万博の落とした影—愛知県立大学に見るひずみと切り捨て』（風媒社、2008年）、共著『市政と向き合う　定年退職後の地域貢献』（風媒社、2011年）

それはないよ！〈市民自治〉の息づくまちへ

2015年1月14日　第1刷発行
（定価はカバーに表示してあります）

著　者　　早川　鉦二

発行者　　山口　章

発行所　名古屋市中区上前津2-9-14　久野ビル
振替 00880-5-5616 電話 052-331-0008
http://www.fubaisha.com/
風媒社

乱丁・落丁本はお取り替えいたします。　＊印刷・製本／モリモト印刷
ISBN978-4-8331-1110-2